**Inhalt, Über den Autor, Vorwort**

**Der Vortrupp**

**Die Teilnehmer sind da**

Band 138

## OutdoorHandbuch

Wolfgang Ries

# Zeltlager und Jugendfreizeiten 2
## Durchführung

**BASISWISSEN FÜR DRAUSSEN**

# Zeltlager und Jugendfreizeiten 2 -

© Copyright Conrad Stein Verlag GmbH.
Alle Rechte vorbehalten.

Der Nachdruck, die Übersetzung,
die Entnahme von Abbildungen, Karten, Symbolen, die
Wiedergabe auf fotomechanischem Wege (z.B. Fotokopie)
sowie die Verwertung auf elektronischen Datenträgern,
die Einspeicherung in Medien wie Internet
(auch auszugsweise) sind ohne vorherige schriftliche
Genehmigung des Verlages unzulässig und strafbar.

Alle Informationen, schriftlich und zeichnerisch, wurden
nach bestem Wissen zusammengestellt und überprüft.
Sie waren korrekt zum Zeitpunkt der Recherche.
Eine Garantie für den Inhalt, z.B. die immerwährende
Richtigkeit von Preisen, Adressen, Telefon- und Faxnummern
sowie Internet-Adressen, Zeit- und sonstigen Angaben,
kann naturgemäß von Verlag und Autor - auch im Sinne der
Produkthaftung - nicht übernommen werden.

Der Autor und der Verlag sind für Lesertipps und
Verbesserungen (besonders als E-Mail oder auf Diskette)
unter Angabe der Auflagen- und Seitennummer dankbar.

Leser, deren Einsendung verwertet wird, werden in der
nächsten Ausgabe genannt und erhalten als Dank
ein Exemplar der neuen Auflage oder ein anderes Buch ihrer Wahl
aus dem Programm des Verlags.

**1 04 11952 5 062**

# Durchführung

OutdoorHandbuch aus der Reihe "Basiswissen für draußen", Band 138

ISBN 3-89392-538-4     1. Auflage 2004

® OUTDOOR, BASIXX und FREMDSPRECH sind eingetragene Marken für Bücher des Conrad Stein Verlags
© BASISWISSEN FÜR DRAUSSEN, DER WEG IST DAS ZIEL und FERNWEHSCHMÖKER sind urheberrechtlich geschützte Reihennamen für Bücher des Conrad Stein Verlags

Dieses OutdoorHandbuch wurde konzipiert und redaktionell erstellt vom Conrad Stein Verlag GmbH, Postfach 1233, 59512 Welver, Dorfstr. 3a, 59514 Welver, ☎ 02384/963912, FAX 02384/963913, ✉ <info@conrad-stein-verlag.de>, 🖥 <http://www.conrad-stein-verlag.de>.

Unsere Bücher sind überall im wohl sortierten Buchhandel und in cleveren Outdoorshops in Deutschland, Österreich und der Schweiz erhältlich.
Auslieferung für den Buchhandel:
Ⓓ Prolit, Fernwald und alle Barsortimente,
Ⓐ freytag & berndt, Wien,
ⒸⒽ AVA-buch 2000, Affoltern und Schweizer Buchzentrum.

Text und Fotos: Wolfgang Ries
Illustrationen: Laura Scivoli
Lektorat: Bruno Thomas
Layout: Marie-Luise Tolkmit
Gesamtherstellung: Breklumer Druckerei, 25821 Breklum

Dieses OutdoorHandbuch hat 123 Seiten mit 22 schwarzweißen Abbildungen sowie 21 Illustrationen. Es wurde auf chlorfrei gebleichtem Papier gedruckt.

007900

# Inhalt

| | | | |
|---|---|---|---|
| Über den Autor | 8 | **Dienstag** | **38** |
| | | Rund ums Wecken | 38 |
| Vorwort | 9 | Frühstück | 39 |
| | | Der Faktor Wetter | 40 |
| Der Vortrupp | 11 | Lagerbauten | 40 |
| Ankunft und Übergabe | 13 | Beispiel eines Tagesplans | 44 |
| Zelte aufstellen | 14 | Alternative Kennenlernspiele | 45 |
| Wassergräben | 15 | Leiterrunde | 46 |
| Erste Einkaufsfahrt, Kochen mit Gas | 15 | Kindermitbestimmung | 46 |
| Nebenkostenformular | 17 | Lagerfeuer | 47 |
| Arzt, Apotheke, Krankenhaus, usw. | 18 | Diagnose: Zeckenbiss | 47 |
| Fahrpläne und Öffnungszeiten | 19 | Reflexion | 48 |
| Lebensmitteleinkauf | 19 | | |
| Küchenzelt einrichten | 20 | **Mittwoch** | **49** |
| Restliche Zelte aufstellen | 21 | Tagesleitung | 49 |
| Gelände erkunden | 23 | Workshops, AGs, Aktionen | 50 |
| Spiele vorbereiten | 24 | Lagerkiosk, Lagerbank | 53 |
| Dienstepläne entwerfen | 24 | Ungeliebt, aber nötig – die Dienste | 53 |
| Schilder schreiben | 24 | Dorferkundungsspiel, Stadtrallye | 55 |
| Lagerbauten planen | 25 | Nachtwanderung | 56 |
| Rückfahrt der Lagerleitung | 26 | Überfallprobe | 56 |
| "Warm kochen" | 26 | | |
| | | **Donnerstag** | **57** |
| Die Teilnehmer | | Die Lagerolympiade | 57 |
| sind da! | 27 | Mittagspause | 60 |
| **Montag** | **28** | Drohbrief | 60 |
| Die Anreise | 28 | Sponsorenkarten basteln | 60 |
| Busquiz, Die Ankunft | 30 | Lagerzeitung, Lagerwolf | 61 |
| Gruppeneinteilung | 31 | Die Lagerkreise | 62 |
| Rundgang über das Freizeitgelände | 32 | Wochenendplanung | 62 |
| Die erste Mahlzeit | 32 | | |
| Einführung ins Thema | 34 | **Freitag** | **63** |
| Diagnose: Diabetes | 35 | Wandern mit Kindern | 64 |
| Diagnose: Bettnässen | 37 | Ökoball | 68 |

| | | | |
|---|---|---|---|
| Pfeif-Such-Spiel – Blinkerspiel | 68 | **Mittwoch** | **98** |
| Powereinkauf | 69 | Rollenspiel | 98 |
| | | Abschlussurkunden vorbereiten | 100 |
| **Samstag** | **70** | Einkaufsfahrt Lagerleitung | 101 |
| Die Themarallye | 70 | Vorbesprechung Abbau | 102 |
| GKH | 72 | Gruppenfoto | 102 |
| ASP, was das? | 73 | Checkliste Abbau | 103 |
| Der ganz normale Wahnsinn | 73 | Die Aktion GrüMü | 105 |
| Wetten dass...?! | 74 | | |
| Überfall | 75 | **Donnerstag** | **107** |
| Lagerfeuerrezepte | 78 | Programmgestaltung und AGs | 107 |
| | | Erste Abbauaktionen | 112 |
| **Sonntag** | **79** | Der Abschlussabend | 112 |
| Gottesdienst | 79 | | |
| Elternbesuchstag | 80 | **Freitag** | **113** |
| 44-Punkte Spiel | 81 | Packen, Abbau und Endreinigung | 113 |
| Zwischenabrechnung | 83 | Das klassische Abschlusstagsrezept: | |
| Diagnose: Insektenstich | 83 | Eintopf für 80 Kinder | 117 |
| Lagerpizza: | 84 | Ökoball | 117 |
| | | Abschlussreflexion | 118 |
| **Montag** | **85** | Letzte Einkaufsfahrt | 119 |
| HIKE-DAY, was das? | 85 | Platzübergabe | 119 |
| Tagesausflug | 86 | Die Rückfahrt der Kinder | 119 |
| „Wolfgang mit der Kettensäge" | 88 | Busquiz | 121 |
| Turniere und Wettkämpfe | 89 | Die Rückfahrt der Betreuer | 121 |
| Waschtag?! | 91 | | |
| | | **Literaturtipps:** | **123** |
| **Dienstag** | **92** | | |
| Schwimmbadbesuch | 92 | | |
| Sommer, Sonne – Risiko! | 94 | | |
| Problem: Wettessen | 96 | | |
| Küchentipp: Wurstbräter putzen | 97 | | |
| Großwetterlage | 97 | | |

# Über den Autor

Wolfgang Ries, von Beruf Elektrotechniker, ist in und mit der Jugendarbeit aufgewachsen. Neben der Planung und Durchführung zahlloser BdkJ-Zeltlager organisiert er Hüttenfreizeiten für Jugendliche und jung gebliebene Erwachsene. Neben seinen vielfältigen Aufgaben bei der Vor- und Nachbereitung gehört seine Leidenschaft während eines Lagers allerdings der rustikalen Lagerküche.

*Lagerkoch Wolfgang beim Aufbau des Abschlussbuffets*

# Vorwort

## Danke!

Das Prädikat "besonders wertvoll" haben sich meine Pfadfinderinnen der PSG Denzlingen verdient: Elisabeth Blum, Melanie Geiler, Anastasia Kessler, Bärbel Kumpan, Rita Metzler, Lisa und Sarah Reichenbach, Sarah Schopp, Martina Struckmann, Christina Wiotte und Monica Zuleta Neuenroth. Ohne ihre außergewöhnlich gute Arbeit während des Jahres und im Lager würden in diesem Buch viele interessante Punkte fehlen!

Besonderen Dank auch an Dr. Dieter Brems aus Külsheim, der die medizinischen Themen durch seine sachkundigen Ratschläge erst ermöglicht hat.

Nicht vergessen möchte ich auch die vielen hilfreichen Geister im Hintergrund unseres "Herr der Ringe" Zeltlagers 2003. Durch ihre Unterstützung haben sie unser Programm und vor allem unseren Speiseplan außerordentlich bereichert.

Allos Walter Lang, Mariendrebber; Barnhhouse Naturprodukte, Mühldorf; Chiemgauer Naturfleisch, Trostberg; KRYOLAN Make Up, Berlin; Naturata Spielberger AG, Brackenheim; Öko Nova Naturkost, Sauerlach; C.F. Ploucquet, Heidenheim; Seidenweberei Güsken, Krefeld; Spaichinger Nudelmacher, Spaichingen; Weberei Pahl, Külsheim

Das Salz in der Suppe sind jedoch die wunderschönen Zeichnungen meines "Sternchens" Laura Scivoli! Trotz Studium und Diplomarbeit hat sie die Zeit gefunden, das Buch mit ihren Bildern zu verschönern.

*Wolfgang Ries und Laura Scivoli bereiten die Illustrationen vor*

# Ein paar Worte vorweg....
Abenteuer- und Outdoorurlaub ist in!

Spätestens seit die Tourismus- und Modebranche diese Art der Freizeiterholung für sich entdeckt hat, weiß auch der letzte Erwachsene, was vielen Kindern schon längst klar war: Urlaub in der Natur ist ein außergewöhnliches Erlebnis!

Im Zelt oder gar unter freiem Himmel mit Gleichaltrigen die Nacht im Schlafsack zu verbringen - welcher Computer kann da schon mithalten? Stundenlang am Lagerfeuer singen und nebenbei Stockbrot rösten - wer sehnt sich da noch nach einem industriell zubereiteten Hamburger?

Jahr für Jahr opfern unzählige Ehrenamtliche viel Freizeit, um "ihren" Kindern genau diese Art des Urlaubes zu ermöglichen. Dabei spielt es keine Rolle, ob in einem Ferienhaus oder im klassischen Zeltlager, ob für die Feuerwehr oder für die Pfarrei, Hauptsache preiswert und verbunden mit ganz viel Spaß.

Für diese Menschen ist das vorliegende Buch geschrieben. Es soll Anregungen liefern und Hilfen anbieten. Ergänzt durch ein zweiwöchiges Beispielprogramm werden die anfallenden lagertypischen Aufgaben und Arbeiten in chronologisch richtiger Reihenfolge ausführlich dargelegt. Schließlich möchte niemand das Rad ein zweites Mal erfinden oder die gleichen Fehler machen wie seine Vorgänger.

Das Buch erhebt aber keinesfalls den Anspruch, die einzig richtige Arbeitsweise zu beschreiben. Ganz im Gegenteil! Jedes Zeltlager, jede Hausfreizeit hat ihren eigenen Stil und somit einen ganz besonderen Flair. Und das ist auch gut so!!

Hinweis: Hin und wieder sind Berichte aus verschiedenen Lagerzeitungen abgedruckt. Die darin enthaltenen Rechtschreibfehler entstammen dem Originaltext der Kinder und sind nicht das Produkt eines geistigen Durchhängers des Autors!

Apropos Autor! Unter www.lagerwolfgang.de gibt es neben vielen Informationen rund ums Thema Zeltlager auch alle Vorlagen und Checklisten als Download.

# Der Vortrupp

# Vortrupp - Freitag

Nach monatelanger Vorarbeit ist es endlich soweit: Der große Moment der Abreise naht. Gut gelaunt und voller Erwartung auf die bevorstehenden Abenteuer finden sich die Betreuer am vereinbarten Treffpunkt ein, um zum Vortrupp aufzubrechen. Noch schnell ein paar Gepäckstücke im Kofferraum verstauen, dann heißt es endlich: Abfahrt! Voll beladen setzt sich die Karawane in Bewegung.

**Damit die Fahrt nicht allzu stressig ausfällt, hier ein paar Hinweise:**
▷ Vor der Abfahrt müssen die Verkehrsnachrichten verfolgt werden.
▷ Jeder Fahrer erhält einen Ausdruck der Reiseroute mit Markierungen für Pausen und einem Sammelpunkt kurz vor dem Reiseziel.
▷ In jedem Auto sollte sich ein Handy befinden. So ist der Kontakt zwischen den Fahrzeugen gewährleistet (sofern zuvor die Nummern ausgetauscht wurden).
▷ Im Konvoi fahren (der Langsamste fährt voraus).
▷ Die Autos dürfen nicht überladen werden (Rundumsicht bzw. zulässiges Gesamtgewicht beachten).

▷ Kleintransporter sind keine Formel1-Boliden! Trotz leistungsfähigen Motors sind sie voll beladen schwer zu beherrschen (vor allem bei nasser Straße oder bei einer Vollbremsung).
▷ Kontrollanruf beim Platzwart, um genaue Ankunftszeit abzuklären.

## Ankunft und Übergabe

Jeder Platz, jedes Haus hat neben seinen Vorzügen auch seine weniger schönen Eigenschaften. Da ist eine Mulde, in der sich bei heftigem Regen das Wasser sammeln kann, dort endet ein Rinnsal am Waldrand, das eine sumpfige Stelle bewirkt. Alles Kleinigkeiten, aus denen bei Nichtbeachtung ein Ärgernis entstehen kann. Aus diesem Grund werden nach der Ankunft zuerst der Platz und das Haus genauestens erkundet.

Parallel dazu macht die Lagerleitung mit dem Verwalter einen Rundgang über den Lagerplatz und durch das Haus. Hierbei kommt es neben dem Zustand des Platzes (Müllreste vom Vorgänger, abgebrochene Äste am Waldrand oder die beliebten Autogramme an den Holzwänden) auch auf die Nutzung des Geländes bzw. Hauses an. Darf die benachbarte Wiese z.B. als Bolzplatz genutzt werden, oder können die nassen Schuhe im Heizungsraum getrocknet werden?

**Besonders zu beachten:**
▷ Die Zählerstände (Strom, Gas, Wasser, Telefon) müssen gemeinsam abgelesen und notiert werden.
▷ Die Küche ist genauestens zu inspizieren. Achtung bei Schimmel!
▷ Wie erfolgt die Mülltrennung, wann ist Müllabfuhr?
▷ Gibt es eine Liste mit den wichtigen Telefonnummern (Arzt, Krankenhaus, Platzwart, Einkaufsmöglichkeiten usw.)?
▷ Welche Bereiche des Hauses dürfen nicht genutzt werden?
▷ Gibt es genügend Schlüssel für Haus und Schranke?

Je exakter die Übergabe des Platzes erfolgt, desto kleiner sind die Probleme während und am Ende der Freizeit.

Ist die Bestandsaufnahme abgeschlossen, wird festgelegt, welche Zelte an welcher Stelle aufgebaut werden. Hierbei ist zu berücksichtigen, dass z.B. die Kinder nicht zu weit zur Toilette laufen müssen oder das Küchenpersonal möglichst nahe am Küchenzelt schlafen kann (Plan ☞ nächste Seite).

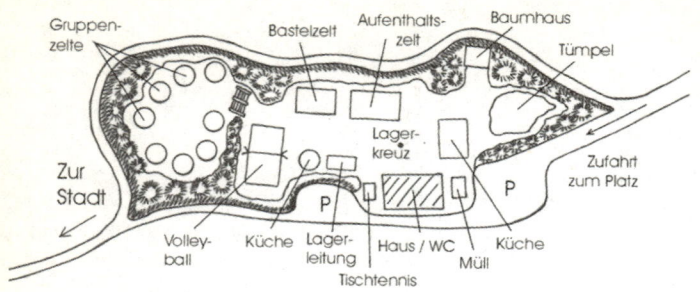

Begonnen wird der Aufbau mit einem der größten Zelte, normalerweise einem Aufenthaltszelt. Ist dieses Zelt aufgebaut, werden möglichst viele Kisten und Zelte darin verstaut. So ist sichergestellt, dass bei einem plötzlichen Regen das Material trocken bleibt. Anschließend folgen das Küchenzelt und noch ein paar kleinere Zelte als erste Übernachtungsmöglichkeit.

## Zelte aufstellen

Nachdem eine geeignete Stelle ohne größere Unebenheiten ausgewählt wurde, müssen zuerst Steine und Äste entfernt werden. Anschließend wird festgelegt, in welche Richtung der Eingang zeigen soll.

Vor dem Aufbau müssen alle Reißverschlüsse und Knöpfe geschlossen werden. Dann wird das Zelt entsprechend der Aufbauanleitung aufgestellt. Dabei zuerst die Zeltschnüre an den Ecken und am Eingang abspannen, dann folgen die restlichen Schnüre. Beim Plazieren der Heringe darauf achten, dass die Naht und das Seil eine Linie bilden.

Regnet es beim Aufbauen, darf das Zelt nicht zu stark abgespannt werden, da sich das nasse Zeltmaterial beim Trocknen zusammenzieht. Wird dies nicht beachtet sind meist eingerissene Zeltspitzen die Folge!

Besteht das Zelt aus einem Außen- und Innenzelt, muss beim Spannen darauf geachtet werden, dass sich die beiden Zeltwände nicht berühren. Ansonsten drückt an dieser Stelle das Wasser durch.

Nach dem Aufbau der Zelte sollten unbedingt die Heringe gesichert werden. Dazu werden alte Tennisbälle kreuzweise eingeschnitten und anschließend über die Heringe gestülpt. Wer ganz sicher gehen möchte, kann auch noch die Zeltschnüre mit einem rotweißen Kunststoffband markieren.

☺ Wer dünne Malerfolie unter den Zeltboden legt, erspart sich beim Abbauen das lästige Schrubben des Zeltbodens. Der zu erwartende Vorteil wiegt den zusätzlichen Plastikmüll allemal wieder auf!

## Wassergräben

Ob sie wirklich notwendig sind, ist umstritten. Ältere Zelte ohne eingenähten Boden sind bei kräftigen Gewittern aber durchaus anfällig gegen eindringendes Wasser, vor allem wenn sie am Hang stehen. Hier können Wassergräben von Vorteil sein.

Beim Ausheben dieser Gräben müssen die Rasenziegel sauber ausgestochen und später wieder eingesetzt werden. Aber Achtung: Zuvor unbedingt die Erlaubnis des Platzwarts einholen!!!

## Erste Einkaufsfahrt

Während sich die Betreuer mit dem Aufbau der Zelte beschäftigen, besorgt das Küchenteam in der Zwischenzeit die notwendigen frischen Lebensmittel (Fleisch, Wurst, Gemüse oder Salat) und Getränke für die erste Mahlzeit.

Wer sich langsam an die besondere Kochweise im Zeltlager und an die großen Mengen gewöhnen möchte, der ist in den ersten Tagen auch mit Tiefkühlkost, Grillgut oder einem herzhaftem Vesper gut beraten.

## Kochen mit Gas

Weit verbreitet, vor allem in Zeltlagern, ist das Kochen mit Propangas. Klar, mitten im Wald ist es etwas schwierig an Strom für einen Elektroherd zu kommen. Aber nicht nur deshalb hat sich diese Kochweise durchgesetzt. Es ist ein sehr "ehrliches" Kochen (Flamme da - Hitze da. Flamme weg -

*Vorbildlich eingerichtetes Küchenzelt*

Hitze weg!) Das zeigen nicht zuletzt die vielen Profiköche, die sich für Gas als Energiequelle entschieden haben.

Allerdings sollten die Gaskocher technisch einwandfrei sein! Angeschmorte Gasleitungen z.B. müssen umgehend durch Originale ersetzt werden. Zudem ist seit 2003 zusätzlich zum Druckminderer eine Schlauchbruchsicherung vorgeschrieben.

Ein weiteres Problem kann die Sauerstoff-Gasmischung darstellen. Ist das Mischverhältnis nicht korrekt eingestellt (wird normalerweise durch einen Schieber am Gaskocher verändert), verbrennt das Gas bei deutlich niedriger Temperatur unter starker Rußentwicklung.

Auch starker Wind kann lästig werden, wenn er ungehindert in die Flamme bläst. Ein großer Teil der Hitze geht dabei verloren, und der Kochvorgang dauert erheblich länger. Abhilfe schafft ein einfacher großer Karton als Windschutz.

Auch beim Transport der Gasflaschen sind ein paar Regeln zu beachten:
▷ Die Flaschen dürfen nicht über große Entfernungen transportiert werden.
▷ Leere Flaschen immer wie volle behandeln.
▷ Beim Be- und Entladen den Motor abstellen, nicht rauchen und nicht mit offenem Feuer hantieren.
▷ Generell Ventilschutz (Schutzkappe und –kragen) anbringen und das Ventil zudrehen.
▷ Die Flaschen können stehend oder liegend (quer zur Fahrtrichtung) transportiert werden. Dabei müssen sie gegen Wegrollen und -kippen gesichert sein.
▷ Während des Transports ist für ausreichend Belüftung zu sorgen.

☺ Verschiedene Abfüller verwenden Ihre eigenen Gasflaschen (zu unterscheiden an verschiedenen Farben). Um der daraus resultierenden Pfandproblematik aus dem Weg zu gehen, sollten immer nur die universellen grauen Flaschen gekauft werden. Die nimmt jeder Händler zurück.

# Nebenkostenformular

Name der Gruppe: _____

Hausanschrift: _____

Zeitraum der Freizeit: _____

|  | Strom | Wasser | Gas | Heizöl | Telefon |
|---|---|---|---|---|---|
| Zählerstand Ankunft: | \_\_\_\_kWh | \_\_\_\_\_m³ | \_\_\_\_\_m³ | \_\_\_\_\_l | \_\_\_\_\_Einh. |
| Zählerstand Abfahrt: | \_\_\_\_kWh | \_\_\_\_\_m³ | \_\_\_\_\_m³ | \_\_\_\_\_l | \_\_\_\_\_Einh. |
| Differenz | \_\_\_\_kWh | \_\_\_\_\_m³ | \_\_\_\_\_m³ | \_\_\_\_\_l | \_\_\_\_\_Einh. |
| Kosten/Einheit | x _____ | x_____ | x_____ | x_____ | x_____ |
| Gesamtbetrag | \_\_\_\_\_ | \_\_\_\_\_ | \_\_\_\_\_ | \_\_\_\_\_ | \_\_\_\_\_ |

_____  _____
Datum  Unterschrift / Lagerleitung

_____  _____
Datum  Unterschrift / Platzwart

# Vortrupp - Samstag

Wer bisher gedacht hat, Zeltlager ist vor allem Urlaub, der wird spätestens jetzt eines Besseren belehrt. Denn der zweite Tag steht meist unter dem Motto Arbeit! Die restlichen Zelte sind aufzubauen und einzuräumen. Weiterhin müssen Fahrpläne, Öffnungszeiten und nicht zuletzt geeignete Einkaufsmöglichkeiten erkundet bzw. gefunden werden. Also nichts mit langem Ausschlafen und in der Sonne brutzeln!

## Arzt, Apotheke, Krankenhaus, usw.

Natürlich möchte niemand, dass diese Anlaufstellen jemals benötigt werden. Um im Ernstfall gerüstet zu sein, müssen aber die Telefonnummern, Adressen und Anfahrtswege bekannt sein. Die beste Möglichkeit, diese Infos zu erhalten, ist wie bereits erwähnt der Platzwart. Im Idealfall hat er bereits eine Liste mit allen notwendigen Infos. Falls dies aber einmal nicht so sein sollte, ist die nächste Apotheke ein geeigneter Anlaufpunkt. Dort gibt es neben den Namen und Nummern auch noch eine objektive Bewertung der geeigneten ortsansässigen Ärzte, denn nicht jeder Arzt kann gut mit Kindern umgehen. Die Ergebnisse dieser Erkundungstour werden anschließend übersichtlich notiert und durch eine Folie geschützt an zentraler Stelle (falls vorhanden neben dem Notfalltelefon oder in der Küche) gut sichtbar aufgehängt.

Im Idealfall ist diese Stelle auch der Aufbewahrungsort der Autoschlüssel und des Notfallhandys. So ist zu jeder Zeit gewährleistet, dass im Notfall schnell reagiert werden kann.

## Fahrpläne und Öffnungszeiten

Ein weiterer wichtiger Punkt der ersten Erkundungsfahrt der Lagerleitung sind Öffnungszeiten und Eintrittspreise des Schwimmbads und der geplanten Ausflugsziele. In einem kurzen Gespräch lässt sich schnell feststellen, in wieweit neben Preisnachlässen auch noch weitere Sonderkonditionen für große Gruppen möglich sind. So ist es in den meisten Schwimmbädern z.B. ohne weiteres möglich, das Mittagessen komplett anzuliefern. Fragen kostet ja nichts.

Nur, was nützt der günstigste Eintrittspreis, wenn es nicht möglich ist, die 60 Kinder samt Betreuer an den 30 Kilometer entfernten Bestimmungsort zu schaffen? Neben dem Studium der genauen Abfahrtspläne der Linienbusse ist in diesem Fall eine Rücksprache mit dem durchführenden Busunternehmen unumgänglich. Kleine Anmerkung: Auch die Mitarbeiter der Bahn sind meistens dankbar, wenn sie zuvor über den zu erwartenden Ansturm von gut gelaunten kleinen Fahrgästen informiert werden.

## Lebensmitteleinkauf

Hier gibt vor allem das Budget den Rahmen vor. Denn, ob beim Biobauern oder beim Discounter eingekauft wird, ist natürlich eine Frage des Geldes! Auch wirkt sich dies auf die Dauer des Einkaufes aus. Wer Metzger, Bäcker und Hofladen getrennt ansteuert, braucht selbstverständlich weit mehr Zeit als der, der im Supermarkt alles auf einmal mitnimmt.

Auf keinen Fall darf aber die Qualität der Speisen darunter leiden! Daher gilt die Devise: so frisch wie möglich und wenig Konserven! Auch sollten Produkte aus regionalem Anbau denen aus Übersee vorgezogen werden.

Hier wird schnell klar, dass sich das Küchenteam in den ersten Tagen einen Überblick über die vorhandenen Anbieter, deren Produkte und Preise verschaffen muss. In den meisten Fällen wird sich jedoch eine Kombination aus mehreren Geschäften anbieten.

Außerdem ist Folgendes sinnvoll:
- ▷ Kurze Fahrstrecke bedeutet schneller Einkauf.
- ▷ Preisbewusst einkaufen.
- ▷ Auf Qualität und Frische achten.
- ▷ Verpackungsmüll vermeiden.
- ▷ Regionale Produkte bevorzugen.
- ▷ Große Mengen (Fleisch, Brot) immer vorbestellen.
- ▷ Antrittsbesuch beim Marktleiter mit Info über geplante Abnahme großer Mengen in der nächsten Zeit.
- ▷ Sonderpreise aushandeln.
- ▷ Wer Getränkeverkauf einplant, sollte einen Händler auswählen, der anliefert (spart viel Zeit). Weiterhin ist er Lieferant für die Brauereigarnituren (Bänke und Tische), falls die nicht schon zur Ausstattung des Lagerplatzes gehören.

Als Abschluss der Erkundungsfahrt muss nur noch eine geeignete Sammelstelle für Altglas und Metall gefunden werden. Dann beginnt endlich der eigentliche Einkauf für das Wochenende.

## Küchenzelt einrichten

Wie in jedem Haushalt, so ist auch während einer Ferienfreizeit die Küche einer der zentralen Anlaufpunkte. Dort ist es warm, es gibt fast immer was zu essen, und meistens ist auch jemand anwesend. Zudem bereitet es vielen Kindern großen Spaß, bei der Zubereitung der Mahlzeiten mitzuwirken. Klar, dass dieser Ort gemütlich eingerichtet werden muss! Schließlich ist die Küche auch für längere Zeit der Arbeitsplatz des Küchenteams.

Und so ganz nebenbei darf nicht vergessen werden, dass Material und Zutaten möglichst geschützt vor ungebetenen Mitessern und übersichtlich aufbewahrt werden müssen.

Wichtig:
- ▷ Der Boden muss fest und trocken sein. Bei Bedarf mit Schotter oder Lattenrosten nachhelfen.
- ▷ Nachts muss das Zelt fest verschlossen werden können.
- ▷ Für festen Stand der Hockerkocher sorgen.

▷ Wasseranschluss installieren. Falls notwendig, Schlauchleitung legen.
▷ Es müssen reichlich Holz- oder Alukisten als Stauraum vorhanden sein. Als Schutz gegen Feuchtigkeit dürfen die Kisten nicht direkt auf den Boden, sondern müssen auf Rundhölzer gestellt werden.
▷ Mülltrennung (gelber Sack, Bio- und Restmüll) berücksichtigen.
▷ Für Kühlmöglichkeiten (Kühlschrank, Bach usw.) sorgen.
▷ Beleuchtungsmöglichkeit für abends schaffen.
▷ Leine für Handtücher, Rühr- und Schöpflöffel uvm.
▷ Bräter muss waagerecht stehen.

☺ Um sich das ständige Schrubben des Bräteruntersatzes zu ersparen, wird dieser einfach in Alufolie eingepackt. Bei entsprechender Verschmutzung wird die Folie einfach gewechselt. Wer einmal einen Bräter aus verzinktem Stahlblech schrubben musste, wird auf die Folie nie mehr verzichten wollen.

Zusätzlich sollte die Zeltwand hinter dem Bräter ebenfalls mit Alufolie gegen Fettspritzer geschützt werden.

Wenn kein fester Abfluss existiert, ist es ratsam im Umfeld des Küchenzeltes eine Sickergrube (1 x 1 x 0,5 m) zu graben. Sie dient zum Abschütten für Nudeln und Gemüse, aber auch für das dreckige Spülwasser.

Gibt es keine Biotonne oder einen geeigneten Komposthaufen, so kann im Normalfall nach Rücksprache mit dem Platzwart im Wald ein Kompostloch angelegt (1 x 1 x 0,8 m) werden. Um zu vermeiden, dass Wildtiere angelockt werden, sollte das Kompostloch durch Bretter abgedeckt werden.

## Restliche Zelte aufstellen

Nachdem am Anreisetag vermutlich nur einige wenige Zelte aufgestellt werden konnten, ist es nun an der Zeit, die Zeltstadt zu komplettieren. Entsprechend dem Lageplan sind zuerst die Großzelte an der Reihe.

Das **Versammlungszelt** ist wohl das wichtigste Zelt am Platz. Ausgestattet mit Sitzbänken und Tischen für die ganze Mannschaft, ist es vorgesehen für die Mahlzeiten (zumindest bei schlechtem Wetter), für Gruppenspiele, Schlecht-Wetter-Programm und für Gottesdienste. Bei Bedarf muss im Eingangsbereich genügend Platz für die Essensausgabe reserviert werden.

Das **Bastelzelt** dient, wie der Name schon sagt, neben den geplanten Bastelaktionen auch noch für weitere Workshops. Zur Ausstattung gehören einige möglichst alte Tische (solche mit deutlichen Gebrauchsspuren), ein paar Bänke und evtl. alte Tischdecken. Falls kein Haus vorhanden ist, wird hier auch die Bastelkiste mit dem ganzen Material gelagert. Weiterhin dient es als Aufbewahrungsort für Werkzeuge, Seile usw.

Das **Leiterzelt** dient vor allem als Aufenthaltszelt für die Betreuer sowie für Besprechungen und Reflexionen, aber auch als Raucherzelt. Teilnehmer haben daher normalerweise keinen Zutritt.

Das **Meditations- oder Lesezelt** ist ein möglicher Ruhepol auf dem Zeltplatz. Hier haben nicht nur die Kinder die Möglichkeit der Hektik des Lagerlebens zu entfliehen. In diesem Zelt befinden sich ausreichend Lesematerial zum Motto und viele Mandalas samt Buntstiften, eine sehr sinnvolle Bereicherung eines Zeltlagers.

**Gruppenzelte** kann es eigentlich gar nicht genug geben. Ob rund, rechteckig oder quadratisch ist vollkommen egal, Hauptsache sie haben einen wasserdichten Boden aus Plastik. Ist die Anzahl der Kinder pro Zelt sehr groß, können zusätzlich so genannte Kofferzelte für das Gepäck aufgestellt werden.

---

## Besuchen Sie uns doch immer mal wieder auf unserer Homepage im Internet.

### Dort finden Sie...

- ▷ aktuelle Updates zu diesem OutdoorHandbuch und
- ▷ zu unseren anderen Reise- und OutdoorHandbüchern,
- ▷ Zitate aus Leserbriefen,
- ▷ Kritik aus der Presse,
- ▷ interessante Links,
- ▷ unser komplettes und aktuelles Verlagsprogramm sowie
- ▷ viele interessante Sonderangebote für Schnäppchenjäger:
- 🖥 http://www.conrad-stein-verlag.de

# Vortrupp - Sonntag

Endlich ausschlafen! Nach den ersten beiden doch stressigen Tagen geht es nun etwas langsamer voran. Nach einem ausgiebigen Brunch werden die Umgebung erkundet und die Feinheiten erarbeitet. Alles in allem, ein recht angenehmer Tag. Aber auch die letzte Möglichkeit, die Ruhe des Platzes zu genießen.

## Gelände erkunden

Zu jeder Ferienfreizeit, egal ob im Haus oder in der Natur, gehören eine Reihe von Spielen im Freien. Diese Geländespiele sind ein fester Bestandteil des Programms.

Einer der Hauptfaktoren, die das Gelingen eines solchen Spieles beeinflussen, ist natürlich ein geeignetes Gelände. Gefährliche Bereiche wie glitschige oder steinige Abhänge sind genauso ungeeignet wie z.B. ein großer Fluss als Begrenzung. Ideal dagegen ist eine Wiese oder ein Stück Laubwald, der durch ein paar Waldwege eingerahmt wird. Diese Wege können dann einfach markiert und als Spielfeldrand verwendet werden.

Ähnliches gilt für Wanderungen oder Dorferkundungsspiele. Hierfür müssen unkomplizierte Wege gefunden werden. Geeignete Wanderkarten mit einer möglichst guten Auflösung können nur Hilfestellung geben. Wer sicher gehen möchte, dass der Verlauf des Wanderweges die Kinder nicht überfordert oder gar plötzlich endet, nimmt sich die Zeit und läuft die festgelegte Wegstrecke ab.

Dies ist auch die beste Möglichkeit, vor Ort die Fragen für eine Erkundung der umliegenden Dörfer für das Stadtspiel zu erarbeiten.

## Spiele vorbereiten

Was gibt es da schon viel vorzubereiten, wird sich so mancher fragen. Stimmt, zumindest dann, wenn die Spiele bekannt sind.

Bei neuen Spielen sieht das schon ganz anders aus. Um beurteilen zu können, ob sie für die Gruppe geeignet sind, müssen sie mindestens einmal durchgespielt werden. Das fördert nicht nur das Gruppenerlebnis des Betreuerteams, sondern später werden die Kinder dankbar sein, wenn der Spielleiter routiniert durch das Spiel führt. Für einige Spiele im Freien ist es zudem notwendig, die Örtlichkeiten wie Lagerplatz und Haus genau zu kennen. Nicht alles kann zu Hause vorbereitet werden. Wird z.B. der Bach in die Juxolympiade mit einbezogen, dann sollte es sich dabei weder um ein Rinnsal, noch um einen reißenden Fluss handeln.

## Dienstepläne entwerfen

Es gibt viele verschiedene Zeltlager mit den unterschiedlichsten Zielen und Programmpunkten. Aber alle haben eins gemein: die anfallenden Arbeiten. Egal ob spülen, Feuerholz holen oder die Durchführung der Nachtwache: Die daraus resultierenden, mehr oder weniger beliebten Arbeiten erledigen sich nirgends von alleine. Über die Notwendigkeit dieser Dienste sind sich selbst die Teilnehmer einig, nur gerecht verteilt müssen sie sein. Hilfreich und sehr übersichtlich ist eine Tabelle, in der jeder Teilnehmer erkennen kann, wann er zu welchem Dienst eingeteilt ist. Die unterschiedlichen Symbole stehen jeweils für eine Gruppe.

## Schilder schreiben

Um den Teilnehmern den Einstieg ins Lagerleben etwas zu erleichtern, zumindest in Bezug auf die Orientierung, sind Hinweisschilder ein geeignetes Hilfsmittel. Neben den alltäglichen Anlaufstellen wie Lagerkiosk, Jungen- oder Mädchen-WC, Müllsammelstelle oder Aufenthaltsbereichen sind hier auch die Bereiche wie z.B. das Leiterzelt zu nennen, die nicht für die Teilnehmer vorgesehen sind. Dabei sollte allerdings auf die Benutzung der Worte "verboten" oder "nicht erlaubt" verzichtet werden. Wie wäre es stattdessen mit dem Zusatz "füttern erlaubt" unter dem Schild der Lagerleitung?

Auch können wie in einer Stadt ganze Bereiche mit Straßenschildern gekennzeichnet werden. "Donnerbalken-Promenade" (Weg zur Toilette), "Place de la

*Der Diensteplan wird präsentiert*

Mampf" (Essensplatz) oder einfach "Waldstadion" für den Bolzplatz sind nur einige wenige Beispiele.

## Lagerbauten planen

Lagerbauten gehören zu jedem Zeltlager! Neben dem traditionellen Lagerkreuz und dem Wachturm ist noch vieles denkbar und möglich. Was umgesetzt werden kann, zeigt sich aber erst beim Sichten des Stangenmaterials vor Ort. Falls wenig oder gar nichts vorhanden ist, hilft der Förster meistens weiter.

Niemals ohne Rücksprache mit Platzwart oder Förster Bäume fällen und Finger weg von grünen Bäumen und Büschen!

Manchmal neigen allzu selbstbewusste Betreuer dazu, sich stattliche Bauwerke vorzunehmen. Dann ist Vorsicht geboten!

Wenn das Lagerkreuz unbedingt 15 m hoch werden muss, sollte es wenigstens schon stehen, wenn die Kinder kommen. Ein Aufbau unter Mithilfe der Kinder wäre nicht nur gefährlich, sondern schon als fahrlässig einzustufen.

☺ Wer kennt sie nicht, die mit Harz verschmierten Hände nach der Waldarbeit. Dafür gibt es ein ganz einfaches Hausmittel: Speiseöl aus der Küche! Einfach über die Hände gießen, gründlich verreiben, anschließend mit Seife waschen, und die Hände sind wieder sauber! Genial einfach – einfach genial!

## Rückfahrt der Lagerleitung

Grundsätzlich sollten alle Betreuer incl. der Lagerleitung am Vortrupp teilnehmen. Dann ist es nötig, dass einige Betreuer am Abend zurückfahren, um die Anreise der Teilnehmer am darauf folgenden Tag zu organisieren.

## "Warm kochen"

Welches Küchenteam kocht schon im richtigen Leben für mehr als 4 bis 5 Personen? Der Vortrupp ist daher eine gute Gelegenheit, um sich langsam an das Umfeld und die großen Mengen zu gewöhnen. Gerade der Sonntag bietet sich dazu an. Die Küche ist eingerichtet, und es muss nicht eingekauft werden.

Hier ein einfaches, wenn auch mutiges Rezept (nicht jeder isst gerne Krabben), das ohne viel Aufwand einen würdigen Höhepunkt für den Vortrupp darstellt.

### **Gamberetti rossi alla Elli** (Tomatensoße mit Krabben), 20 Personen

| | | | |
|---|---|---|---|
| 1 kg | Nordmeerkrabben | 1 Tube | Tomatenmark |
| 2 Bund | Frühlingszwiebeln | 1 Glas | grüne Oliven ohne Kerne |
| 2 kg | Pizzatomaten aus der Dose | 1 TL | getrockneter Thymian l |
| 5 | Knoblauchzehen | 50 ml | Olivenöl, extra vergine |
| 400 ml | Fischfond aus dem Glas | | Salz, Pfeffer |

**Zubereitung:**

Die Frühlingszwiebeln putzen und in feine Ringe schneiden, den Knoblauch schälen und über die Zwiebeln pressen, die Oliven in Scheiben schneiden. Das Olivenöl bei mittlerer Hitze in einer Pfanne erwärmen. Frühlingszwiebeln und Knoblauch hineingeben und glasig braten. Mit Fischfond ablöschen, Tomaten samt Flüssigkeit zugeben. Kurz aufkochen und dann ca. 5 Minuten köcheln lassen.

Tomatenmark einrühren, Olivenscheiben dazugeben und nochmals 3 Minuten bei offenem Deckel köcheln lassen. Anschließend mit Salz und Pfeffer würzen.

Den Thymian und die Krabben zur Soße geben. Kurz erwärmen, jedoch nicht kochen, sonst werden die Krabben zäh – fertig. Dazu passen 2 kg Reis.

# Montag

Da ist er also, der erste richtige Zeltlagertag. Deshalb richtig, weil heute der Platz mit Leben erfüllt wird. In großer Zahl werden die Kinder mit viel Gepäck und Vorfreude den Platz und alles, was dazu gehört, in Besitz nehmen.

Von Minute zu Minute steigt die Spannung bei den Betreuern, bevor der Ruf ertönt: **Die Kinder sind da!**

## Die Anreise

Noch bevor das erste Kind vor der Abfahrt den Bus betritt, sollte sich die Lagerleitung von dem einwandfreien technischen Zustand des Fahrzeuges überzeugen, vor allem, wenn das Busunternehmen nicht persönlich bekannt ist. Da vermutlich nur wenige über den technischen Sachverstand eines TÜV- Ingenieurs verfügen, kann bei begründetem Verdacht (abgefahrene Reifen oder seltsame Geräusche des Motors) die Frage nach einer Überprüfung durch die Polizei wahre Wunder bewirken. Bereits die erste Reaktion des Fahrers zeigt, was er selbst von seinem Gefährt hält.

Dass es sich bei dieser Vorgehensweise keineswegs um übertriebene Vorsicht handelt, zeigt die steigende Anzahl von Berichten über Busunfälle in den letzten Jahren.

Ist diese erste Hürde erfolgreich genommen, folgt die zweite: das Gepäck einladen. Die Koordination dieses Jobs kann getrost dem Busfahrer überlassen werden. Nur er weiß, wie das Wunder gelingt, einen Berg von Koffern und Reisetaschen in dem kleinen Kofferraum verschwinden zu lassen. Und wenn er Hilfe benötigt, z.B. von den Eltern, dann wird er sich melden.

Ist endlich alles verladen, und die Kinder haben sich mehr oder weniger traurig von Ihren Eltern verabschiedet, ist es eine gute Gelegenheit, mit dem Fahrer die Details der Fahrt zu besprechen.

▷ Wann und wo werden Pausen eingelegt?
▷ Besteht die Möglichkeit, eigene Musik zu hören oder gar Videofilme anzuschauen?
▷ Dürfen über das Bordmikrofon Geschichten vorgelesen werden?
▷ Was ist mit lautem Programm während der Fahrt, stört es ihn in seiner Konzentration?
▷ Kann die Toilette des Busses benutzt werden?

**Noch ein wichtiger Punkt**: Spätestens während der Fahrt wird das Taschengeld und die Krankenkassenkarten eingesammelt. Hierbei muss sehr sorgfältig vorgegangen werden. Anhand einer Teilnehmerliste wird alles penibel kontrolliert und abgehakt. Wer hierbei schlampt, den holt der Ärger später ein!

Manchmal kommt es vor, dass Kinder das Reisen im Bus nicht vertragen. Dann brauchen sie viel Zuwendung und Hilfe. Es reicht nicht, nur die berühmte Tüte zu überreichen. Sie dürfen sich auf keinen Fall alleine gelassen fühlen. Eine kleine Unterhaltung mit der Lagerleitung ist daher eine gute Ablenkung für sie.

Auch zeigt sich bei der Sitzverteilung schnell, ob Außenseiter oder Kinder, die niemand kennt, dabei sind. Der Platz neben ihnen bleibt meistens frei. Dies gibt den Begleitern eine gute Möglichkeit, sich neben sie zu setzen und sich ihrer anzunehmen.

## Busquiz

1. Wohin fahren wir heute ins Zeltlager?
2. Wie heißen eure Busbegleiter?
3. Unter welchem Motto steht das Zeltlager?
4. Wie heißt das Mädchen, das vor dir sitzt? Wie alt ist sie, und wo wohnt sie?
5. Auf welcher Autobahn (z.B. A1, A8) fahren wir gerade?
6. Schreibe 10 verschiedene Autokennzeichen aus verschiedenen Städten auf, die du unterwegs siehst.
7. Ordne die Namen der Betreuer nach dem Alphabet: Jule, Wolfgang, Anja, Hanna, Sandra, Alex, Gisela, Jasmin, Miriam, Valerie, Martin, Vanessa, Christian, Bettina, Melanie und Marina
8. Fährt eine Freundin von Dir mit ins Lager? Wenn ja, wie heißt sie?
9. Schätze: wie groß ist Christian?
10. Nenn mindestens drei Brücken, über die wir schon gefahren sind.
11. Mit welchem Busunternehmen fahren wir?
12. Nenne 8 verschiedene Automarken, die du schon gesehen hast.
13. Wie heißt der Busfahrer mit Vornamen?
14. Überlege dir ein kurzes Gedicht, in dem folgende Wörter vorkommen: Zeltlager, Bus, Sonne, Spaß.

## Die Ankunft

Diesen Vorgang mit einer Invasion zu vergleichen, erscheint wohl etwas übertrieben. Wenn aber die ersten Kinder jubelnd und tobend aus dem Bus stürmen und den zuvor idyllisch gelegenen Lagerplatz in ein wahres Tollhaus verwandeln, dann erinnert dies schon an ein solches Ereignis.

Dann gilt es, kühlen Kopf zu bewahren und strukturiert vorzugehen. Am besten verständigen sich die Betreuer schon vorher, wer in diesem Moment welche Aufgabe übernimmt.

▷ Wer hilft dem Busfahrer beim Ausladen und ggf. Säubern des Busses?
▷ Wer kümmert sich um die Teilnehmer und beschäftigt sie bei Bedarf?
▷ Wer sammelt liegen gebliebene Gegenstände im Bus ein?
▷ Wer hilft den Kleinen beim Transport der größten Koffer?!
▷ Die Eltern wollen informiert werden, ob ihre Kinder gut angekommen sind. Wer übernimmt diesen Anruf?

☺  Wer schon mal mit einer solch wilden Horde im Bus unterwegs war, kann sich gut vorstellen, dass dies für den Busfahrer nicht gerade alltägliche Arbeit ist. Somit ist auch manche griesgrämige Aussage oder Reaktion zu erklären. Es ist daher nicht zuviel verlangt, diesen gestressten Mitmenschen vor der Rückfahrt mit einer Tasse Kaffee oder einem kleinen Imbiss zu verwöhnen. Wer weiß, vielleicht sitzt er bei der Rückfahrt wieder hinterm Steuer.

## Gruppeneinteilung

Was nun folgt ist eine der größten lagertypischen Herausforderungen. Kannten sich die Kinder schon vorher, war es durchaus möglich, anhand der geäußerten Wünsche eine gute Gruppeneinteilung zu treffen. Aber selbst dann sind Äußerungen wie "Ich will aber nicht mit der da ins Zelt" nicht immer auszuschließen. Mit viel Geduld und Überzeugungskraft gilt es diese Hürde zu überstehen. Spätestens nach zwei Tagen sind die ersten Bedenken meist verflogen.

Dann wird es Zeit, die Zimmer bzw. die Zelte zu beziehen. Wer wo und in welcher Richtung schläft, machen die Teilnehmer schnell unter sich aus. Sollte es in einem Zelt allerdings mal eng zugehen, ist es von Vorteil, wenn der Betreuer direkt am Eingang schläft. Zum einen kommt er am Abend meistens als Letzter, und außerdem erspart dies Ärger, wenn Kinder beim Betreten des Zeltes aus Versehen auf den vordersten Schlafsack treten. Ein Betreuer wird toleranter mit dieser Situation umgehen.

In manchen Zeltlagern ist es üblich, dass die Betreuer nicht direkt bei den Kindern schlafen, sondern ihre eigenen Zelte in nächster Nähe aufgebaut haben. Für die Teilnehmer hat das den Vorteil, dass sie öfter unter sich sein können, und die Betreuer genießen die zusätzliche Ruhe.
Bei nächtlichen Gewittern oder im Falle von Heimweh kann diese Tatsache jedoch schnell zu Problemen führen. Dies sollte daher nur dann toleriert werden, wenn die Teilnehmer schon älter sind und die Eltern dem zuvor zugestimmt haben.

Sobald die Zelte und Zimmer für die erste Nacht vorbereitet sind, findet innerhalb der einzelnen Gruppen eine kleine Vorstellungsrunde statt. Um die Kommunikation dabei zu erleichtern, erhält jedes Kind zuerst ein Namensschild und die ganze Gruppe noch als äußeres Zeichen ihrer Zusammengehörigkeit eine gebatikte Baumwollwindel, eine farbige Mütze oder einen Schal, wobei jede

Gruppe ihre eigene Farbe hat. Dieses Tuch samt Namensschild sollte während der Freizeit möglichst häufig getragen werden.

In Anlehnung an die Tradition der Pfadfinder dienen diese Schals einerseits der Übersicht und außerdem sieht es einfach klasse aus, wenn 60 Kinder mit farbigen Tüchern durch die Stadt tigern.

## Rundgang über das Freizeitgelände

Wenn sich der erste Sturm gelegt hat, folgt der Rundgang der einzelnen Gruppen durch das Haus und über den Lagerplatz. Dabei werden neben den sanitären Anlagen, der Küche, der Aufenthaltsbereiche auch die Grenzen des Platzes gezeigt. Dies dient nicht nur der Übersicht, sondern kann bei Nichtbeachtung durchaus auch rechtliche Konsequenzen nach sich ziehen. Denn jedem Kind muss klar sein, dass es sich nur innerhalb dieser Grenzen frei bewegen kann und wo sich mögliche Gefahrenquellen befinden.

## Die erste Mahlzeit

Nicht unwichtig ist die Frage nach einem gemeinsamen Beginn des Essens oder ob sich z.B. jeder bedient, wann er will. Die offene Form wie der Brunch am Sonntagmorgen oder ein kaltes Buffet bietet sich nur selten an und ist nur dann geeignet, wenn im Anschluss daran kein festes Programm mehr ansteht.

Besser für das Gruppenerlebnis sind daher feste Essenszeiten. Als Bestandteil des Tagesplanes und eingebettet in das laufende Programm kann sich jeder genau daran orientieren.

Hin und wieder wird es jedoch vorkommen, dass sich die Essenszeiten verschieben. Denn nicht immer lassen sich Garzeiten auf die Minute voraussagen, gerade wenn für große Gruppen im Zeltlager gekocht wird. Das ist aber nicht so schlimm, solange z.B. das Mittagessen nicht erst spät nachmittags beginnt. Am einfachsten lässt sich das Problem umgehen, indem die Lagerleitung bzw. Tagesleitung regelmäßig kurz vor der Mahlzeit bei der Küche nachfragt, um bei Bedarf das aktuelle Programm etwas zu schieben oder zu kürzen.

Tipp: Gerade bei der ersten Mahlzeit ist es wichtig, dass die Teilnehmer Vertrauen zur Leistungsfähigkeit des Küchenteams gewinnen. Allzu oft wird im Vorfeld Zeltlagerkost mit Büchseneintopf oder ähnlicher Pampe gleichgesetzt. Am besten werden diese Vorurteile mit einem einfach zuzubereitenden Gericht abgebaut, das bei allen Kindern beliebt ist. Wie wäre es z.B. mit Spaghetti Bolognaise und für die Vegetarier eine Tomatensoße?

## Italienische Tomatensoße für 50 Kinder

| | |
|---|---|
| 6 Dosen | geschälte Tomaten (850 ml), alternativ Pizzatomaten |
| 1,5 kg | Zwiebeln |
| 4 EL | getrocknetes Basilikum |
| 6 Tuben | Tomatenmark |
| 600 g | Crème Fraîche |
| 6 EL | Zucker |
| 5 TL | Salz |
| 1,5 TL | schwarzer Pfeffer, frisch gemahlen. |
| 1,5 l | Instant-Gemüsebrühe |
| 250 ml | Olivenöl, extra vergine |

**Zubereitung:**
Die Zwiebeln schälen und möglichst fein würfeln (je größer die Würfel, desto länger die Garzeit, außerdem mögen Kinder keine großen Zwiebelstücke). Die geschälten Tomaten in der Dose mit einer Gabel zerkleinern. Soweit vorhanden, die grünen Stielansätze entfernen.

Das Öl in einem großen Topf erhitzen, und die Zwiebeln darin bei mittlerer Hitze 7 bis 8 Minuten dünsten, bis sie weich sind. Nun die geschälten Tomaten, das Tomatenmark, das Basilikum, Salz und Zucker und den Pfeffer zugeben. Bei schwacher Hitze und leicht geöffnetem Deckel ca. 45 Minuten köcheln lassen. Gelegentlich umrühren. Nun mit Crème Fraîche verfeinern und bei Bedarf mit Soßenbinder binden. Dazu passen 6 kg Spaghetti.

Ist das Essen fertig, kommt die Lagerglocke zu ihrem ersten Einsatz. Sie erklingt immer dann, wenn es notwendig ist, alle an einem zentralen Ort (Aufenthalts- oder Essenszelt) zu versammeln. Die Kinder sollten dann möglichst schnell erscheinen. Das muss nicht in militärischen Drill ausarten, aber ein wenig Disziplin kann nicht schaden. Im Übrigen sollten die Betreuer hierbei mit gutem Beispiel vorangehen und nicht als Letzte am Tisch eintreffen.

In welcher Art die Speisen auf den Teller kommen, ist oftmals von den örtlichen Gegebenheiten abhängig. In einem Speisesaal bietet es sich an, Schüsseln auf die Tische zu stellen. Im Zeltlager dagegen wird das Essen vom Küchenteam ausgegeben, oder die Kinder bedienen sich selbst. In beiden Fällen sollte darauf geachtet werden, dass sich die Kinder nicht riesige Mengen auf den Teller schaufeln. Auch wer zum ersten Mal ausgibt, neigt gerne dazu, reichlich auf den Teller zu schöpfen. Es ist aber besser, erst etwas weniger auszugeben und dann nachholen zu lassen, als später die Reste wegzuwerfen.

Für den Fall, dass doch mal was übrig bleibt, steht der Komposteimer bereit. Der befindet sich neben dem Spülwasser und dient als Sammelbehälter für Essensreste.

Auch das Ende der Mahlzeit sollte wieder gemeinsam erfolgen. Es ist nicht besonders angenehm, wenn die Ersten bereits zum Spülen rennen, während andere noch essen. Erst wenn das Spülwasser bereit steht und das Kommando dazu erfolgt, gehen die einzelnen Gruppen zum Spülen. Wie beim Essen holen, so sollte übrigens auch beim Spülen gewechselt werden, damit jeder einmal Erster ist.

## Einführung ins Thema

Nach den vielen neuen Eindrücken des ersten Tages steht noch ein wichtiger Punkt auf dem Abendprogramm: die allgemeine Informationsrunde, bei der alle anwesend sein sollten!

Es hat nun wenig Sinn, mit den Kindern Punkt für Punkt die Hausordnung durchzukauen. Die wenigsten werden alles verstehen bzw. behalten. Und außerdem, wer möchte schon eine Freizeit mit einem Vortrag über Gebote und Verbote beginnen?! Ein Überblick zum Verlauf des Abends bis hin zum Wecken am nächsten Morgen genügt vollkommen. Alles Weitere folgt dann, wenn es aktuell wird.

Wie wäre es zum Beispiel damit, jetzt das Lagermotto vorzustellen? Den roten Faden sozusagen, der das ganze Freizeitleben durchziehen soll. Besonders schön ist ein kleines Theaterstück oder ein Rollenspiel mit imposanten Kostümen und einer tollen Dekoration, in das die Kinder mehr oder weniger mit einbezogen werden. Ein Teil des Theaterstücks wird den Lagerregeln und Dienstplänen gewidmet, deren Umsetzung nach der Bekanntgabe spielerisch erklärt wird. Im Idealfall kann es sogar so weit gehen, dass sich die Kinder im Verlauf des Abends die Lagerregeln selbst erarbeiten. Sie werden sie dann besser verstehen und sicher auch öfters einhalten.

Zum Abschluss folgt noch das ein oder andere Lied und falls es der Intention der Freizeit entspricht, noch ein gemeinsames Nachtgebet, bevor der erste Tag ruhig zu Ende geht. Hoffentlich zumindest, denn in einigen Zelten und Schlafräumen wird noch lange gequasselt werden. Das ist normal in der ersten Nacht und kann ohne Bedenken toleriert werden.

## Diagnose: Diabetes

Die Erholungs- und Urlaubsmöglichkeiten für Kinder und Jugendliche mit Diabetes sind leider sehr begrenzt. Obwohl die heutigen Behandlungsmethoden einem Kind mit Diabetes ein fast normales Leben ermöglichen können, werden sie bei der Teilnahme an einer Hausfreizeit oder einem Zeltlager trotzdem noch häufig ausgegrenzt. Dabei genügt schon ein wenig Vorinformation und etwas Disziplin während der Freizeit, und das Thema Diabetes ist kein Thema mehr!

▷   Voraussetzung für die Teilnahme an einer Ferienfreizeit ist der sichere Umgang des Kindes mit der Krankheit, d.h. die Diagnose sollte schon längere Zeit zurückliegen, und das Kind muss ausreichend geschult sein.
▷   Falls nicht schon längst geschehen, sollte sich mindestens einer der Betreuer intensiv über Diabetes informieren. Im "Merkblatt für Lehrer und Betreuer von diabetischen Kindern und Jugendlichen" finden sich hilfreiche Informationen hierüber. Weiterhin ist die Kenntnis vom Umgang mit Messgerät und Spritze sehr empfehlenswert.
♦   (www.diabetikerbund-hamburg.de/informationen/kinder3.htm)
▷   In mindestens einem Gespräch mit den Eltern, dem Kind und ggf. dem behandelnden Arzt müssen die Rahmenbedingungen für die Teilnahme besprochen werden. So erhalten die Eltern die Sicherheit, dass die Betreuer mit der Situation verantwortungsvoll umgehen können und ihr Kind gut aufgehoben ist. Zusätzlich sollte auch der Speiseplan angesprochen und bei Bedarf umgestellt oder Alternativspeisen einplant werden.
    Zeigen sich während dieses Gespräches bereits deutliche Probleme bei der Einhaltung der Therapie, ist es unter Umständen besser, von einer Teilnahme des Kindes am Ferienlager abzusehen. Zu negativ wären die Auswirkungen auf das Selbstbewusstsein des Patienten beim Versagen.
▷   Im Lager sollten die gemessenen Blutzuckerwerte vom Betreuer laufend kontrolliert werden. So lässt sich am besten erkennen, ob der Teilnehmer mit der Situation vor Ort umgehen kann.
▷   Selbstverantwortlicher Umgang mit Messgerät, Spritzen und Lebensmittelwaage ist Pflicht. Wer dem Kind hierbei die Verantwortung abnimmt, darf sich nicht wundern, wenn später die Werte nicht mehr stimmen.

▷ Sportliche Aktivitäten, Wanderungen oder ein Besuch im Schwimmbad senken den Blutzuckerspiegel mehr als sonst! Das Kind sollte daher vor diesen Anstrengungen etwas weniger Insulin spritzen und/oder mehr Kohlehydrate essen, um eine Unterzuckerung zu vermeiden.

▷ Für Notfälle müssen Traubenzucker, Obstsaft und die Notfallspritze bereitliegen (z.B. im Erste-Hilfe-Koffer oder in der Küche).

Die **Unterzuckerung** ist im Gegensatz zur Überzuckerung das weit häufigere und gefährlichere Problem! Das passiert dann, wenn zuviel Insulin gespritzt, zu wenig Kohlehydrate gegessen wurden oder bei körperlicher Anstrengung. Bei älteren Teilnehmern kann auch übermäßiger Alkoholgenuss dazu führen (sogar noch Stunden später). Anzeichen für eine leichte Unterzuckerung sind blasse, feuchte Haut, vermehrtes Schwitzen, Zittern, Heißhunger oder Unruhe. Ein gut informiertes Kind wird diese Symptome selbst bemerken und entsprechend reagieren. Wenn nicht, sollten andere dafür sorgen, dass das Kind Kohlehydrate zu sich nimmt. Am Besten geeignet sind 4 Stückchen Traubenzucker, ein Glas (0,2 l) Obstsaft oder normal gesüßte Getränke.

Erfolgt keine dieser Maßnahmen, kann es zu Albernheit, Aggressivität, Bewegungsstörungen, plötzlicher Müdigkeit und vor allem Langsamkeit kommen. In diesem Fall müssen schnellstens Kohlehydrate zugeführt werden. Diese muss es immer in Form von Traubenzuckertäfelchen (z.B. Dextro Energen) bei sich haben.

Unterbleibt auch das, kann es zum **Unterzuckerungsschock** (Bewusstlosigkeit oder Krampfanfälle) kommen. Dann ist sofort der Notarzt zu verständigen! Als Nächstes ist der Blutzuckerspiegel zu ermitteln, um Gewissheit zu erhalten und die Notfallspritze zu setzen. Im Beipackzettel dieses Notfall-Sets ist die Anwendung ausführlich beschrieben, so dass dies auch für Laien kein Problem darstellen sollte.

Eine **Überzuckerung** entwickelt sich im Gegensatz zum niedrigen Blutzuckerspiegel langsam und über viele Stunden. Ursache dieser Stoffwechselentgleisung ist Insulinmangel und kann durch Spritz- und Ernährungsfehler, Erkrankungen, zuwenig Bewegung oder emotionalen Stress hervorgerufen werden.

Es kommt zu Müdigkeit, Mattigkeit, starkem Durst, Übelkeit und starkem Harndrang. Außerdem riecht das Kind nach Azeton (so ähnlich wie Nagellackentferner).

Wird jetzt kein Insulin gespritzt, kann es zu einer lebensbedrohlichen Übersäuerung des Blutes kommen, die dann nur im Krankenhaus behandelt werden kann. Bei Unsicherheit: Notarzt holen!

Die **Überzuckerung** lässt sich jedoch sehr einfach durch regelmäßige Blutzuckertests und entsprechende Insulinzufuhr verhindern. Bei einer verantwortungsvollen Betreuung des Teilnehmers dürfte dieser Fall daher eher unwahrscheinlich sein.

## Diagnose: Bettnässen

Hier ist nicht der einmalige Ausrutscher gemeint, der z.B. durch Angst oder die Scheu vor einem weiten Weg zur Toilette hervorgerufen werden kann. Vielmehr geht es um das ständig wiederkehrende Problem, wenn ein Kind mit zunehmendem Alter nicht "trocken" wird.

Leider wird das Bettnässen heutzutage immer noch als Tabuthema behandelt. Egal welche Ursachen zum Bettnässen führen, es sollte nicht der Anlass sein, dass ein Kind nicht auf eine Ferienfreizeit mitgehen kann. Wer in seiner Jugendgruppe ein Kind hat, welches nie auf eine Ferienfahrt mitgeht, dann könnte es durchaus am Bettnässen liegen.

Es gibt jedoch ausreichend Möglichkeiten, einem betroffenen Kind die Teilnahme an einer Ferienfahrt zu ermöglichen. In einem Gespräch mit den Eltern können die ersten Hürden genommen und so dem Kind das notwendige Vertrauen gegeben werden.

Im Lager:
- ▷ Für den Fall der Fälle sollte ein Reserveschlafsack bereitliegen.
- ▷ Vorbeugend kann das Kind in der Nacht geweckt und zur Toilette gebracht werden.
- ▷ Ist doch mal ein Malheur passiert, auf jeden Fall Diskretion wahren! Verständnisvoll beim Reparieren helfen, sofern es dies möchte. Schlafsack bzw. Bettwäsche auswaschen und etwas abseits zum Trocknen aufhängen.
- ▷ Falls sich "die Sache" herumspricht, sollte die Problematik im kleinen Kreis thematisiert werden. Wichtig ist es, klar zu formulieren, wie verletzend Auslachen und Diskriminieren sein kann.

# Dienstag

*Dittwar 2000: Gleich nach dem Frühstück begannen wir mit den Lagerbauten. Der Esssäckleständer und die Halterung für die Spülwannen standen schnell, doch der große Lagerturm brachte uns ganz schön ins Schwitzen.*

*Die Balken knarrten und das große Dreibein fiel um. Zum Glück wurde niemand verletzt. Schließlich brachten wir das Dreibein doch noch zum Stehen. Nach dem Mittagessen und einer kleinen Pause hatten die Wichtel ein Spielprogramm, während die Pfadis und die Leiter den Lagerturm weiterbauten.*

*Schon bald darauf gab es Abendessen: Spätzle mit Geschnetzeltem und Salat. Um 22:00 Uhr begann das Abendprogramm und danach war Nachtruhe.*

*Die grüne Gruppe*

## Rund ums Wecken

Wie überall, so beginnt auch im Zeltlager der Tag mit dem Aufstehen. Allerdings gibt es bereits beim Wecken ein paar kleinere Unterschiede. Vom liebevoll gehauchten "Guten Morgen, aufstehen" oder der Kasperlehandpuppe, die durch den Zelteingang quasselt, bis hin zur schallenden Fanfare reicht die Bandbreite. Auch dem viel geäußerten Wunsch nach lauter Musik kann nicht immer entsprochen werden. Denn, wo gibt es im Wald schon Strom und Batterien? Außerdem sind die weder preiswert noch umweltgerecht.

Sind mehrere Gruppen auf dem Platz oder im Haus untergebracht, muss vorsichtig vorgegangen werden, um nicht alle Gruppen gleichzeitig zu wecken. In einem solchen Fall ist gegenseitige Rücksichtnahme angesagt.

Rücksicht darf auch für die Frühaufsteher kein Fremdwort sein. Wer vermeiden will, dass jugendliche Workaholics bereits bei Sonnenaufgang mit dem Holz hacken beginnen, spannt sie einfach bei den Vorbereitungen des Frühstücks mit ein.

Zwischen Wecken und Frühstück muss genügend Zeit eingeplant werden, um den Teilnehmern ausreichend Gelegenheit zum Waschen oder Duschen zu geben. Zu beliebt ist das Argument "es war nicht genügend Zeit" um dem Zähneputzen aus dem Weg zu gehen.

Für einige beginnt der Tag allerdings schon etwas früher. Während sich die meisten noch ein letztes Mal im Schlafsack umdrehen, steht das Küchenteam schon am Herd und bereitet den Kakao vor oder schnippelt Obst für das Müsli. Wer nun meint, sie könnten dann auch gleich das Wecken mit übernehmen, der liegt allerdings falsch. Diese Aufgabe sollte schon in Händen der Leitung bleiben.

## Frühstück

"Das Frühstück ist die wichtigste Mahlzeit des Tages" - so werden Ernährungswissenschaftler häufig zitiert. Gerade für Kinder ist es wichtig, die Energiereserven am Morgen wieder aufzufüllen, damit sie spielen, toben und sich konzentrieren können. Es sollte daher abwechslungsreich und ausgewogen gestaltet werden. Welche Produkte auf den Tisch kommen, entscheidet hauptsächlich die Lagerkasse.

**Empfehlenswert:** Milch, schwach oder ungesüßter Kakao, Früchtetee, Fruchtsaft mit Mineralwasser, Vollkornbrot und –brötchen, fettarmer Käse, magerer Aufschnitt (z.B. Geflügelwurst), Müsli ohne Zuckerzusatz, dazu frisches Obst

**Weniger zu empfehlen:** sehr süßer Kakao, Limonade, Colagetränke, Kaffee, Weißbrot, Kuchen, Kekse, fettreicher Käse und ebensolche Wurst, gezuckerte Fertigmüslis, stark gezuckerte Flakes.

Süße Brotaufstriche wie Honig und Nuss-Nougatcreme sollte es nur ab und zu und dann auch nur in Maßen geben. Auf keinen Fall sollten Kinder solche Produkte als Sonderverpflegung von zu Hause mit an den Tisch bringen. Ausnahmen sind selbstverständlich zulässig, wenn Krankheiten wie z.B. eine Lebensmittelallergie oder Diabetes eine spezielle Ernährung erfordern.

## Der Faktor Wetter

Bei Aktivitäten im Freien ist er ein ganz wichtiger Punkt, der leider – oder zum Glück – nicht beeinflussbar ist. Trotz vorbereitetem Schlecht-Wetter-Programm ist es ratsam, sich ständig über das Wetter zu informieren. Unter diesem Gesichtspunkt erhält das Radio in der Küche eine ganz neue Aufgabe. Wer es nur zum Abspielen von Kassetten und CDs benutzt, verspielt dabei die große Chance, durch Abhören der Wetterberichte rechtzeitig reagieren zu können.

## Lagerbauten

Für ein, zwei oder sogar mehrere Wochen wird das Zeltlager das neue Zuhause für Teilnehmer und Betreuer. Da soll es natürlich so gemütlich wie möglich eingerichtet werden. Gleichzeitig bietet es ausreichend Freiraum für Phantasie und Abenteuer. Vor allem das Errichten von Lagerbauten ist eine sehr schöne Möglichkeit, so manchen Kindertraum vom Baumhaus wahr werden zu lassen.

Um späteren Ärger mit dem Förster oder den Eltern zu vermeiden, müssen vor Beginn der Aktion noch ein paar grundlegende Punkte angesprochen werden:

Bei dieser Arbeit gibt es sozusagen eine Kleiderordnung: das Räuberzivil. Es handelt sich hierbei um die ältesten Klamotten, welche die Kinder dabei haben. Im Wald geht es nicht immer zimperlich zu. Wenn z.B. ein ganzer Baumstamm durchs Unterholz getragen wird, kann es schon mal zu einem Harzfleck oder einem Riss in der Hose kommen. An diesem Beispiel wird zusätzlich klar, dass auch den Schuhen eine Sonderrolle zukommt. Es sollte sich dabei um die stabilsten und nicht die ältesten handeln.

Als zweiter wichtiger Punkt ist das Verhalten im Wald anzusprechen. Gerade in einem Zeltlager gilt es im Einklang mit der Natur zu leben. Pflanzen sind Lebewesen! Nicht jedem Kind ist das von Anfang an klar. Daher Hände weg von grünen Bäumen und Sträuchern! Und wenn doch mal ein ganzer Baum benötigt wird, dann entscheidet der Förster, welcher Baum gefällt werden darf.

Abschließend noch ein paar Worte zum Taschenmesser. Zum Schnitzen muss das Messer ausreichend scharf sein. Eine stumpfe Klinke schneidet das Holz nicht, sondern reißt es. Der Kraftaufwand wird größer und die Gefahr abzurutschen und sich dabei zu verletzen steigt. Geschnitzt wird immer im Sitzen und vom Körper weg. Weiterhin muss genügend Abstand zum Nachbarn eingehalten werden. Ist die Arbeit beendet, wird die Klinge eingeklappt und das Messer sicher aufbewahrt.

### Stiefelständer
Hierbei handelt es sich um sehr einfache, und doch effektive (Mini-) Lagerbauten. Verwendet werden Holzstöcke mit einer Länge von max. 50 cm und einem Durchmesser von ca. 5 cm. Sie werden im Vorzelt in den Boden gesteckt, und die Stiefel anschließend kopfüber auf den Stock gestülpt. So sind sie schnell zu finden und bleiben innen immer trocken.

### Briefkasten
Post zu erhalten und zu verschicken, ist gerade während einer längeren Ferienfreizeit sehr wichtig. Daher ist ein Briefkasten (vor Ort gebastelt oder von zu Hause mitgebracht) in zentraler Lage notwendig. Welches Material dabei verwendet wird, spielt eine untergeordnete Rolle, Hauptsache stabil und mit einer Klappe ausgestattet, damit es nicht hineinregnet und die Briefe und Karten gegen unbefugtes Lesen geschützt werden. Hübsch angemalt, noch ein Posthorn drauf und fertig ist der Briefkasten.

Geleert wird täglich vom Küchenteam, das die gesammelten Werke beim nächsten Einkauf mitnimmt und bei der Post abliefert.

### Esssäckchenständer
Kurz vor jeder Mahlzeit entsteht eine ganz natürliche Hektik, in der so mancher Teller oder Löffel verloren gehen kann. Hier leistet ein Stoffsäckchen für das Geschirr gute Dienste. In der Nähe des Aufenthaltszeltes wird ein Dreibein aus Holzstämmen errichtet, welches mit drei Querstreben auf ca. 1,2 m Höhe stabilisiert wird. In diese Querstreben wird pro Teilnehmer mindestens ein Nagel geschlagen. Dieser Nagel dient als Aufhänger für das Esssäckchen. So ist es immer dann griffbereit, wenn es benötigt wird.

### Lagerturm
Der Bau eines Lager- oder Wachturmes ist keine leichte Aufgabe und verlangt verantwortungsvolles Handeln. Die Sicherheit muss (!) an allererster Stelle stehen. Lieber etwas kleiner planen und doppelt absichern, als ein wackeliges Statussymbol errichten. Beim Bau dürfen nur einwandfreie Stämme verwendet werden! Ist das Werk vollendet, muss die Sicherheit ständig kontrolliert werden.

Mit den Kindern müssen neben den Gefahren auch klare Regeln bezüglich der Nutzung besprochen werden:
▷ Die maximal Anzahl der Personen, die den Turm gleichzeitig betreten dürfen.
▷ Bei Gewitter darf der Turm nicht betreten werden.
▷ Rhythmisches Wippen und Schaukeln lockert die Verbindungsstellen.
▷ Bei Regen herrscht erhöhte Rutschgefahr.

**Spülwannenhalter**

Sofern keine fest installierten Einrichtungen für den Abwasch vorhanden sind, werden üblicherweise zwei Plastikwannen zum Spülen (eine mit Spülwasser, eine zum Nachspülen) auf die Sitzbänke oder sogar auf den Boden gestellt. Leider fallen beim anschließenden Spülgetümmel immer wieder saubere Gegenstände ins Gras. Hier schafft der Spülwannenhalter Abhilfe.

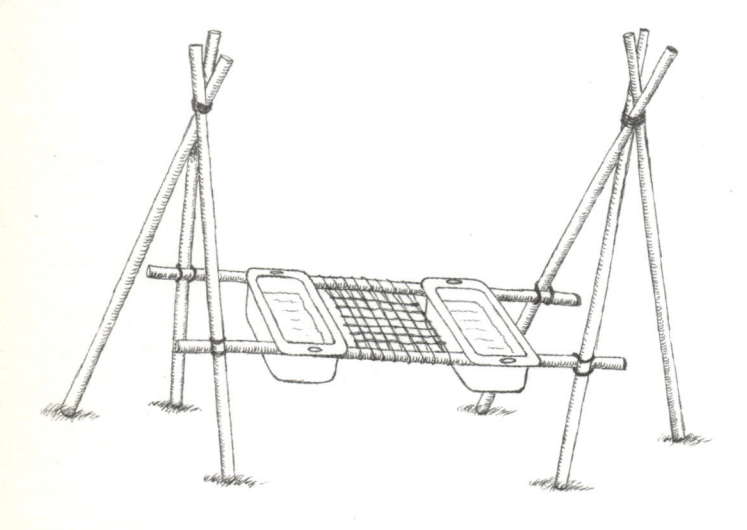

☺ Spülentchen (gelbe Quietschentchen) im Spülwasser haben zwar keine praktische Aufgabe, aber sie machen das Spülen gerade für die Kleinen angenehmer und werden auch sonst gerne zum Spielen verwendet.

### Abfallsammelstelle

In jedes Lager, egal ob Haus- oder Zeltfreizeit, gehört eine Abfallsammelstelle! Jeder Teilnehmer sollte wissen, wo diese steht, und vor allem, nach welchen Kriterien der Müll getrennt wird. Die Verwendung von unterschiedlichen Farben und beschrifteten Behältern (gelber Sack, schwarz für Restmüll, einen Eimer für Bioabfälle, eine Blechbüchse für Batterien und einen Karton für Papier) erleichtert den Kindern die Übersicht. Glasflaschen sollten möglichst nicht in Kinderhände gelangen und falls doch, können sie in der Küche abgegeben werden.

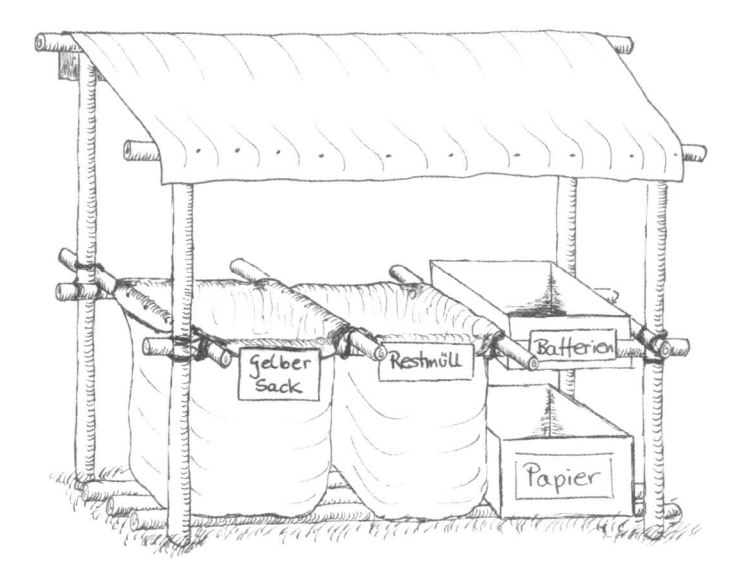

### Infowand

Sie steht im Zentrum des Platzes und sollte in keinem Lager fehlen – auch Kinder wollen wissen was abgeht. Hier können Tagespläne, Lagerregeln und andere Bekanntmachungen angeschlagen werden. Neben der eigentlichen Information kann sie noch weitere Funktionen wie z.B. einen Bereich für Feed Back (Rückmeldungen) übernehmen.

**Weitere lustige und sinnvolle Nutzungsmöglichkeiten:**
▷ Es geht das Gerücht um, dass......
▷ Was ich schon immer mal sagen wollte........
▷ Was mir gut / nicht gefällt..........
▷ Gesucht / Gefunden:

## Beispiel eines Tagesplans

Es handelt sich hier nur um Vorschläge. Die Umsetzung kann deutlich von den angegebenen Zeiten abweichen.

| | |
|---|---|
| 7:30 | Wecken der Betreuer und des Küchendienstes durch die Tagesleitung. |
| 8:15 | Frühsport und Morgenimpuls. |
| 8:30 | Frühstück. |
| 9:00 | Mitteilungen der Tagesleitung zum weiteren Verlauf des Vormittages. Anschließend tritt der Küchendienst in Aktion. |
| 9:30 | Vormittagsprogramm. |
| 12:00 | Aufräumen und Ende des Vormittagsprogramms. |
| 12:30 | Mittagessen. |
| 13:00 | Mitteilungen der Tagesleitung zum weiteren Verlauf des Tages und Ausgabe der Post. Im Anschluss daran erledigen die Dienste ihre jeweiligen Aufgaben. |
| 13:15 | Lagerkiosk. |
| 13:30 | Mittagspause. |
| 15:00 | Nachmittagsprogramm. |
| 17:30 | Aufräumen und Ende des Programms. |
| 18:30 | Abendessen. |
| 19:00 | Mitteilungen der Tagesleitung zum Abendprogramm. Danach darf der Küchendienst wieder ran. Bei Bedarf weitere Dienste wie Feuerholz holen und Lagerzeitung. |
| 19:30 | Lagersenat. |
| 20:00 | Abendprogramm. |
| 22:00 | Ende des Abendprogramms. Schlusskreis, anschließend Adendtoilette. Die Nachtwache tritt ihren Dienst an. |
| 22:30 | Nachtruhe. |

# Alternative Kennenlernspiele

Gerade die Phase des Kennenlernens einer Gruppe am Anfang einer Freizeit gehört zu den schwierigsten Angelegenheiten für die Betreuer.

Hier kann sich ein geeignetes Spiel für den weiteren Freizeitverlauf sehr positiv auswirken. Während sich die Größeren noch längere Zeit mit den Lagerbauten beschäftigen, sollte für die Kleinen dieses Alternativprogramm bereitstehen. Sobald eine Gruppe mit Ihren Aufbauten fertig ist, macht sie bei den Spielen mit oder beginnt mit eigenen.

### Namensball:
Anzahl: 10 bis 30 Personen, Alter: ab 8 Jahren, Dauer: 10 bis 15 Minuten

Die Gruppe stellt sich in einem Kreis auf. Der Spielleiter beginnt, indem er seinen eigenen Namen nennt und einen Tennisball an die Person, die rechts neben ihm steht, weitergibt. Der Ball wird immer in die gleiche Richtung weitergegeben, und jede Person sagt dabei seinen Namen, bis der Ball wieder beim Spielleiter landet.

Der ruft jetzt irgendeinen Namen im Kreis und wirft dieser Person den Ball zu. Dieser Spieler setzt das Spiel fort, indem er auch einen Namen ruft und der betreffenden Person den Ball zuwirft. Nach einiger Zeit kann der Spielleiter einen zweiten, dritten und vierten Ball in den Kreis eingeben. Das erhöht die Spannung und den Spaß. Bälle, die heruntergefallen sind, müssen schnell aufgehoben und wie gehabt mit dem Rufen eines Namens wieder ins Spiel eingebracht werden.

### Namenpatschen
Anzahl: 10 bis 18 Personen, Alter: ab 10 Jahren, Dauer: 10 bis 15 Minuten

Ziel des Spieles ist es, den Namen einer anderen Person zu nennen, bevor man selbst abgepatscht wird. Alle Mitspieler setzen sich dazu in einen Kreis mit dem Gesicht nach innen gewandt und die Füße nach vorn gestreckt. Die Spieler rücken so eng zusammen, dass in der Mitte ein Kreis von ca. 2 m Durchmesser entsteht. Ein Mitspieler stellt sich nun in die Mitte dieses Kreises und bekommt eine zusammengerollte Zeitung als Patsche. Der kleinste Mitspieler der im Kreis Sitzenden beginnt jetzt, indem er den Namen eines anderen Mitspielers nennt. Der muss nun den Namen des nächsten Spielers rufen, bevor der Zeitungspatscher ihn mit seiner Patsche auf die Füße patschen kann. Gelingt dies, bevor der nächste Name zu hören war, tauschen die beiden ihre Rolle. Der Spieler aus der Mitte beginnt das Spiel von neuem.

**Kommentar**: Um zu verhindern, dass das Spiel in eine stressige Leistungssituation abgleitet, ist es wichtig, am Anfang klar zu vereinbaren, dass jeder Patscher das Recht hat, nach einer Weile erfolglosen Bemühens sein Amt niederzulegen. Ein Freiwilliger nimmt dann seinen Platz in der Mitte ein.

## Leiterrunde

In regelmäßigen Abständen treffen sich Lagerleitung, Betreuer und ein Vertreter des Küchenteams, um anstehende Aufgaben zu besprechen, Spiele vorzubereiten, eine Reflexion abzuhalten oder einfach nur, um Informationen auszutauschen. Zu welcher Tages- bzw. Nachtzeit dies stattfinden soll, darüber streiten sich die Geister.

**Nach den Mahlzeiten** besteht die Möglichkeit, sich etwas von den Teilnehmern zurückzuziehen, einmal durchzuatmen und bei einer Tasse Kaffee den nächsten Programmpunkt zu besprechen. Die Fülle der Aufgaben ist überschaubar, aber für eine Tagesreflexion noch zu früh.
Achtung Aufsichtspflicht: jemand muss auf die Kinder aufpassen!

**Wenn die Kinder im Bett sind** ist am meisten Ruhe. Durch das Vorlesen von Gute-Nacht-Geschichten dauert es unter Umständen sehr lange, bis endlich alle eingetroffen sind. Außerdem sind viele der Betreuer dann schon müde, und es muss der ganze nächste Tag vorbereitet werden. Das ist langwierig und oft nicht sehr fruchtbar, für eine Tagesreflexion aber ideal, auch wenn dafür wertvolle Freizeit für gemütliche Runden z.B. am Lagerfeuer auf der Strecke bleibt.

☺ Unabhängig von der Uhrzeit muss unbedingt das Programm des folgenden Tages angesprochen werden, um zu verhindern, dass wichtige Punkte vergessen werden.

## Kindermitbestimmung

Kindermitbestimmung sollte sich möglichst auf alle Bereiche des Lagers (Programm, Zusammenleben, Speiseplan) beziehen. Es muss daher im Vorfeld diskutiert werden, welcher Rahmen fest vorgegeben wird und was offen bleibt. Während des Lagers treffen sich dann die zuvor gewählten Vertreter der Kinder im Lagerparlament, um unter Mitarbeit der Lagerleitung oder eines Betreuers die Interessen der Teilnehmer zu vertreten.

**Wie in anderen demokratischen Gremien gelten auch hier Regeln:**
- Die Treffen finden zu festen Zeiten statt.
- Jedes Mitglied hat eine Stimme.
- Jeder darf seine Meinung frei äußern.
- Die Lagerleitung/der Betreuer übernimmt die Gesprächsführung und führt Protokoll.
- Die Lagerleitung/der Betreuer hat Vetorecht, wenn Entscheidungen in Konflikt mit z.B. der Aufsichtspflicht, Hausordnung oder Mietvertrag kommen.
- Es redet immer nur einer (Redestein oder Redestab sind hilfreich).
- Maximale Dauer: 1 Stunde.
- Ergebnisse bekannt geben (Infowand, Marktschreier o.Ä.)

## Lagerfeuer

Im Idealfall endet jeder Tag mit einem großen Lagerfeuer, an dem gesungen, Geschichten vorgetragen oder die Sieger von Spielen gekürt werden. Ob dies immer umgesetzt werden kann, entscheiden hauptsächlich das Wetter und der Vorrat an Feuerholz. Steht ein Wald mit reichlich Holz zur Verfügung, kann sich ein spezieller Arbeitsdienst um den Holznachschub kümmern.

**Regeln rund ums Lagerfeuer:**
- Keine Brandbeschleuniger wie Spiritus oder Benzin verwenden.
- Wenn bereits eine Feuerstelle besteht, keine neue anlegen.
- Zum Zerkleinern des Holzes möglichst auf Motorsägen verzichten.
- Keine Kippen, Kronkorken oder Ähnliches hinterlassen.
- Bei starkem Wind Funkenflug beachten.
- Für den Notfall muss ein Eimer mit Wasser bereit stehen.
- Das Feuer am Ende des Abends gut löschen. Keine Glut hinterlassen.

## Diagnose: Zeckenbiss

Es ist ein weit verbreiteter Irrglaube, dass Zecken auf den Bäumen sitzen und sich auf ihr Opfer herunterfallen lassen. Stattdessen lauern sie wie Strauchdiebe im Unterholz und auf Gräsern und warten, bis ein geeigneter Wirt vorbeikommt. Hat sich eine Zecke einmal festgehalten, sucht sie nach einer geeigneten Körperstelle, um sich mit Blut voll saugen zu können. Der Stich selbst ist schmerzlos. Doch durch den direkten Kontakt kann es zur Übertragung von Krankheitserregern kommen.

Hat sich eine Zecke einmal festgesaugt, heißt es vor allem Ruhe bewahren und das Insekt so schnell wie möglich mit einer Zeckenzange entfernen. Hierbei wird die Zecke möglichst nah hinter dem Kopf gepackt und vorsichtig herausgezogen. Die Zecke darf auf keinen Fall gequetscht oder mit Öl, Klebstoff, Nagellack und Ähnlichem drangsaliert werden. Dadurch wird sie nur gestresst, wobei sie dann ihr Sekret als Abwehr ausscheidet, was wiederum die Infektionsgefahr verstärkt.

**Vorbeugung**: Nachdem die Kinder im Wald oder im hohen Gras waren, müssen sie anschließend gründlich nach Zecken abgesucht werden. Inwieweit sogar eine Impfung gegen FSME ratsam ist, sollten die Eltern bereits vor der Freizeit mit dem Hausarzt besprechen.

## Reflexion

Für ein gutes Miteinander in der Gruppe ist es wichtig zu wissen, was die Kinder bewegt, was ihnen gefällt oder sie ärgert. Nicht jedes Kind besitzt die Fähigkeit, im richtigen Moment eine spontane Rückmeldung abzugeben, die auch ankommt. Genauso gibt es Kinder, die sich nicht trauen, ihre Meinung laut mitzuteilen – warum auch immer.

Betreuer, die möchten, dass sich "ihre Kinder" wohl fühlen, werden daher möglichst täglich eine kleine Reflexionsrunde am Ende des Tages durchführen. Unter Verwendung kindgerechter Methoden (lachendes/weinendes Smiley oder Kuscheltier) kann jedes Kind in der Runde seine Meinung durch das Hilfsmittel anzeigen oder mit ein paar Worten kommentieren.

Gleiches geschieht anschließend im Kreis der Betreuer noch einmal, denn die sollen sich schließlich auch wohl fühlen.

# Mittwoch

Workshops, Projekte, Arbeitskreise, Bastel-AGs: Wie auch immer der Name einer solchen Veranstaltung lautet, es macht allen Spaß und erfüllt nebenbei noch so manch sinnvolle Aufgabe. Die Kinder werden indirekt zum Schreiben animiert oder bekommen beim Kochen eine ganz neue Beziehung zu Lebensmitteln. Ein breit gefächertes Angebot bietet zudem jedem Kind die Möglichkeit, sich entsprechend seiner Talente frei zu entfalten. Neben den zeitlich begrenzten Aktionen bieten sich zusätzlich Lager begleitende Projekte (Umwelt, Lagerzeitung, Theater oder Gottesdienstvorbereitung) an, die sich über mehrere Tage oder sogar über das ganze Lager hinziehen können.

## Tagesleitung

Die Tagesleitung ist ein bewährtes Mittel, um die Lagerleitung zu entlasten und einen Teil der Verantwortung während eines Tages auf die entsprechenden Betreuer zu verteilen. Hauptaufgabe der Tagesleitung ist die Koordination und Überwachung des Tagesablaufes sowie der einzelnen Programmpunkte. Bereits beim Frühstück wird bekannt gegeben, wer Tagesleiter des jeweiligen Tages ist. Als Ansprechpartner für die Teilnehmer führt er/sie durch den Tag, während sich die restlichen Betreuer weiterhin ihren Leitungsaufgaben widmen.

## Aufgaben der Tagesleitung sind

▷ das Erstellen des Tagesplans für das Infobrett,
▷ das Wecken der Teilnehmer,
▷ die Beaufsichtigung der Dienste,
▷ die Einhaltung der Zeiten zu überwachen,
▷ die Überwachung der Spiele und des Programms,
▷ als Tagesansager Informationen bekannt zu geben und den Tag zu moderieren.

## Workshops, AGs, Aktionen
### Kochworkshop

Anhand dieses Wokshops lässt sich am besten demonstrieren, dass Kinder sehr wohl in der Küche erwünscht sind. In vielen Lagern ist leider das Gegenteil üblich. Klar, wenn ein Topf mit 50 Litern kochendem Wasser auf einem wackeligen Hockerkocher steht, ist das nicht der passende Ort für Kinder. Aber auch dann gibt es die unterschiedlichsten Aufgaben bei der Vorbereitung, die sie übernehmen können und dies auch mit Begeisterung tun.

Ein ganzer Workshop bietet zudem die Gelegenheit, die ganze Palette der Aufgaben rund um die Zubereitung der Mahlzeiten zu demonstrieren. Bereits beim Einkaufen muss reichlich Zeit eingeplant werden. Was ohnehin schon sehr viel Zeit in Anspruch nimmt, wird nun zur Geduldsprobe. Schnell werden die Kinder spüren, dass der Zeitfaktor eine ganz erhebliche Rolle beim Kochen spielt und es manchmal nötig ist, seine eigenen Wünsche unterzuordnen.

Beim Schnippeln beginnt der angenehmste Teil der Arbeit, bevor die Anspannung wieder zunimmt. Sobald der erste Kocher angezündet wird, muss der Workshopleiter mit ganzer Konzentration bei der Sache sein, damit nichts anbrennt. Daher immer ein einfaches Gericht (z.B. Spaghetti mit Käsesoße) einplanen. Der Höhepunkt folgt ohne Zweifel bei der Essensausgabe, wenn die Kinder stolz hinter den Töpfen stehen und "ihr Werk" präsentieren.

### Postkarten und Briefkuverts

Die Rohlinge für die Postkarten werden bereits vor Beginn der Freizeit aus großen, möglichst weißen Kartons zurechtgeschnitten. Mit Buntstiften bemalt und evtl. noch phantasievoll beklebt, werden aus diesen Karten witzige Grüße für die Eltern.

Besonders schön und zugleich ungewöhnlich sind selbst gebastelte Briefkuverts. Bei einem Musterkuvert werden hierzu vorsichtig die Klebestellen aufgetrennt. Nun werden die Konturen des aufgeklappten Kuverts auf einen Karton übertragen und ausgeschnitten. Mit dieser Schablone lassen sich dann beliebig viele Kuverts herstellen. Als Basismaterialien für die Kuverts eignen sich besonders gut Kalenderblätter von Kunstkalendern oder Ähnliches.

## Panflöte

Ein sehr schöner Arbeitskreis, denn die gebastelten Instrumente können für weitere Aktionen (z.B. Musik-AK oder Musikstück beim Bunten Abend) verwendet werden.

Pro Panflöte ist ein Bambusrohr von ca. 2 m Länge und 2 cm Durchmesser an der dicksten Stelle notwendig. Weiterhin müssen sie aus mindestens 8 Elementen bestehen. Zuerst werden die Rohre unterhalb der "Knoten" abgesägt. Anschließend werden sie gestimmt. Das dickste Teilstück wird dazu so weit gekürzt, dass der daraus entstehende Ton dem tiefen C einer Blockflöte entspricht. Nun folgen die restlichen sieben Teilstücke, bis die Tonleiter komplett ist.

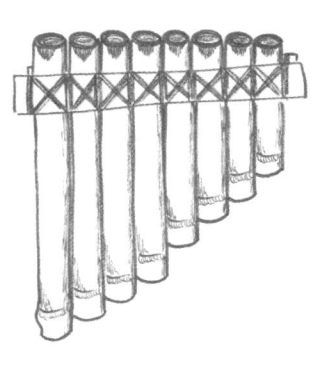

Als nächstes werden die Sägestellen der Rohre mit Schleifpapier abgeschliffen. Das offene Ende wird abgeschrägt und mit Sonnenblumenöl bestrichen. Das erleichtert das Spielen und beugt Verletzungen der Lippe vor.

Als Letztes werden die Rohre in der richtigen Reihenfolge zwischen zwei Holzleisten gelegt und mit Bast oder einer Kordel fest verzurrt.

## Basteln mit Naturmaterial

Gruppenweise wird hier die Aufgabe gestellt, ausschließlich mit Materialien aus der Natur (Holz, Steine, Laub, Erde) das Lagermotto umzusetzen. Ideal ist dieser Workshop, wenn sich ein Bach oder ein See in der Nähe des Lagerplatzes befindet. Kreative Kinder modellieren dann gerne mit Schlamm, wodurch wahre Kunstwerke entstehen können.

## T-Shirts bemalen

Besonders schön sind gebastelte Souvenirs, die Kinder mit nach Hause nehmen können. Im Gegensatz zu manchen Kunstwerken aus Ton oder Holz werden bemalte T-Shirts auf jeden Fall heil zu Hause ankommen.

Weiße T-Shirts (bereits von zu Hause mitgebracht) werden z.B. entsprechend dem Motto mit Stofffarbe selbst gestaltet und können bei Bedarf noch mit den Unterschriften der anderen Teilnehmer und Betreuer versehen werden.

Diese Erinnerungsstücke können in Verbindung mit dem farbigen Halstuch z.B. einem Gottesdienst oder einem bunten Abend optisch den passenden Rahmen verleihen.

## Kostüme schneidern

Wer einen Schneider oder Stoffsponsor in seinen Reihen hat, kann noch einen Schritt weitergehen und Kostüme anfertigen. Passend zum Lagermotto bieten sich allerhand Varianten an:

▷ Die alten Römer schneidern sich eine Toga aus einem Betttuch.
▷ Bei den Beduinen werden Turbane und ein breit geknotetes Stoffband als Gürtel getragen.
▷ Robin Hood und seine Mitstreiter erhalten grüne Kleider und verschiedenfarbige Kappen, evtl. mit Feder.
▷ Wikinger bekommen einen einfachen Überwurf ohne Ärmel, der mit einem Ledergürtel gehalten wird.

## Lagerfahne

Sie ist aus keinem Zeltlager wegzudenken und nicht nur bei Pfadfindergruppen sehr beliebt. Ein einfaches Betttuch als Vorlage ist vollkommen ausreichend. Die Ausgestaltung wird zu einer spaßigen Aktion, wenn alle Teilnehmer gleichmäßig daran beteiligt werden. Zusätzlich zu Motto bezogenen Motiven bietet sich auch der Druck von Händen und Füßen der Kinder an. Aufgehängt am Bannermast ist sie das bevorzugte Ziel von Überfällen und sollte daher abends (z.B. während des Schlusskreises) eingeholt werden.

## Sockenpost

Bereits in der Anmeldebestätigung werden die Kinder darauf hingewiesen, eine alte, möglichst bunte Socke mitzubringen. Jedes Kind beschriftet während des Workshops seine Socke mit seinem Namen und verziert sie zudem möglichst phantasievoll. An zentraler, trockener Stelle wird eine Schnur gespannt, und alle Socken mit der Öffnung nach oben daran aufgehängt. Wenn ein Kind nun einem anderen eine Mitteilung zukommen lassen möchte, steckt es die Info in dessen Socke, und schon ist die Post angekommen.

**Sockentheater**
Ausrangierte Socken werden mit Hilfe von Wolle, Knöpfen und allem, was die Bastelkiste so hergibt, zu Handpuppen umgearbeitet. Mit diesen Puppen kann dann herrlich Theater gespielt werden. Wer genügend Phantasie mitbringt, erweitert diesen Bastelkreis zum Theaterkreis und erfindet gleich die passende Handlung zu den Puppen.

## Lagerkiosk, Lagerbank

Im Anschluss an das Mittagessen hat der Lagerkiosk geöffnet, und der Ansturm ist normalerweise sehr groß. Denn hier gibt es Süßigkeiten, Lagersouvenirs sowie Briefmarken und Postkarten. Im Gegensatz zum Einkauf in der Stadt bekommen die Kinder hier mehr für ihr Taschengeld, denn die Produkte werden zum Selbstkostenpreis weitergegeben. Der Laden hat auch einen kommunikativen Nebeneffekt. Denn die Zeit in der Warteschlange kann zum Austausch von Neuigkeiten genutzt werden.

Gleichzeitig ist der "Tante Emma Laden" auch Bankschalter. Während der Schalterstunden können die Kinder in kleineren Beträgen das Taschengeld abheben, das sie bei Beginn der Freizeit auf ihr "Konto" eingezahlt haben. Jede Auszahlung wird in einer Liste oder besser in einem Sparbuch protokolliert. Somit ist sichergestellt, dass keine großen Geldbeträge in Umlauf sind und nichts verloren geht bzw. niemand Opfer eines Diebstahles wird.

## Ungeliebt, aber nötig – die Dienste
**Küchendienst und Spüldienst**
Die Mithilfe bei der Vorbereitung der Mahlzeiten ist, wie bereits erwähnt, bei Kindern oftmals sehr beliebt. Leider nimmt das sehr viel Zeit in Anspruch und hat dadurch erheblichen Einfluss auf das Programm. Wenn die Teilnehmer nicht generell für sich kochen, ist dieser Dienst daher eher selten.

Was aber bei fast allen Ferienfreizeiten üblich ist, ist die Mithilfe beim Spülen. Das soll jedoch nicht bedeuten, dass die Kinder wie in einer Großküche die

*Beim Spüldienst*

Funktion der Spülhilfen übernehmen müssen. Sie sollen nur helfen und werden daher auch ständig von einem Betreuer oder einem Mitarbeiter des Küchenteams begleitet, der selbstverständlich mitarbeitet. Zu seinen Aufgaben gehört daher noch die Reinigung von scharfen Messern, großen Töpfen und elektrischen Küchenmaschinen. Das ist zu gefährlich und nichts für Kinder.

Spül- und Handtücher werden selbstverständlich von der Küche bereitgestellt. Das Gleiche gilt auch für reichlich frisches Spülwasser.

## Toilettendienst

Versteht sich von selbst, dass diese Arbeit mindestens einmal pro Tag erledigt werden muss! Neben geeigneten Reinigungsmitteln (Scheuer- und Desinfektionsmittel, Wischlappen, Schrubber und Haushaltshandschuhe) ist hierbei vor allem die ständige Anwesenheit eines Betreuers notwendig. Um nicht die Funktion des Kontrolleurs zu übernehmen, kann er parallel zu den Kindern die Betreuertoilette reinigen, sofern eine solche existiert.

## Feuerholz holen

So schön ein Lagerfeuer auch ist, es brennt nur, wenn Holz da ist! Das versteht jedes Kind und ist daher auch gerne bereit, im Wald welches zu sammeln. Für diesen Fall sollten genügend Werkzeuge vorhanden sein. Verantwortlich für deren Sicherheit, wie z.B. fest verankerte Axtstiele oder einwandfreie Sägeblätter, sind die Betreuer. Zuständig für die Sicherheit des Waldes (Windbruch o.Ä.) ist der Förster. Daher dürfen nur Waldstücke betreten werden, die vom zuständigen Forstamt freigegeben wurden. Niemals Holz aus einem Privatwald oder von einem Stapel holen!

Im Übrigen dürfen Kinder und Jugendliche Äxte und Sägen (keinesfalls Motorsägen) nur dann benutzen, wenn dies unter Anleitung und Aufsicht von fachkundigen Betreuern geschieht.

## Nachtwache

Noch ein Dienst, aber einer der ganz besonderen Art und daher sehr beliebt! Nicht nur für Kinder gibt es fast nichts Schöneres im Lager, als die halbe Nacht am Lagerfeuer zu verbringen. Bei der Einteilung der Teilnehmer muss besonnen vorgegangen werden. Das bedeutet, dass neben der ständigen Anwesenheit eines Betreuers die Jüngsten nicht gerade am Wochenende, an dem die Gefahr eines Überfalls am größten ist, ihren Dienst antreten müssen. Auch die Länge des Dienstes sollte umso kürzer sein, je jünger die Kinder sind. Im Übrigen sind Nachtwachen bis zum Morgengrauen nicht zu empfehlen.

Neben den äußerst angenehmen Momenten am Lagerfeuer hat die Nachtwache aber vor allem die Aufgabe, für die Sicherheit des Lagerplatzes zu sorgen. Wenn alle im Schafsack verschwunden sind, beginnt die Aufgabe der Nachtwache damit, für Ruhe zu sorgen und das Lagerfeuer am Brennen zu halten.

Ein gelegentlicher Rundgang über den Platz, möglichst leise und ohne Lampen, ist ein wirksames Mittel, um nächtliche "Besucher" aufzuspüren, die es auf das Banner oder Ähnliches abgesehen haben.

## Dorferkundungsspiel, Stadtrallye

Eine Besonderheit der ersten Tage ist das Dorferkundungsspiel, bei dem es darum geht, die Dörfer der näheren Umgebung (maximal 3 bis 4 km) kennen zu lernen. Neben den klassischen Fragen zu Bewohnern und Architektur (ältester und jüngster Einwohner, Namen von Bürgermeister und Pfarrer oder Treppenstufen zählen, Anzahl der Kirchenfenster, und, und, und....) ist dieses Spiel eine erste Gelegenheit, ein paar Cent für ein Eis auszugeben oder mit Zuhause zu telefonieren. Ein Nachmittag als zeitlicher Rahmen ist völlig ausreichend.

### Stadtrallye in Bad Wildbad

▷ Wie viele Bretter hat der Boden der Holzbrücke am Anfang des Parks?
▷ Welche Farben hat die Windrose am Terrassenbau im Park?
▷ Wieviel kostet ein Straßburger Wurstsalat im Gasthof Silberberg?
▷ Ein Besucher bestellt im Cafe Winkler die Nr. 50, Nr. 70 und Nr. 118. Was muss er bezahlen?
▷ Wie viele Sonnenblumen sind im Fenster des 1. Stocks des Hauses Nr. 39 in der Wilhelmstraße zu sehen?
▷ Wie heißt die Partnerstadt von Bad Wildbad?
▷ Wie lauten die Öffnungszeiten vom "Haus des Gastes"?

- ▷ Wie viele Meter über dem Meeresspiegel liegt die Saustallhütte? Tipp: Spielstraße.
- ▷ Wie oft fährt die Bergbahn zurzeit?
- ▷ Was ist über dem Eingang der evangelischen Kirche zu sehen?
- ▷ Wann fährt der erste Bus von der Haltestelle Uhlandstraße ab?
- ▷ Zeichne das Logo des "Sana Rheumazentrums"!
- ▷ Wie heißt der Fluss, der durch Bad Wildbad fließt?
- ▷ Wie lautet der Name des Sohnes von Herzog Carl von Württemberg? Tipp: Steintafel im Park
- ▷ Was für ein Autokennzeichen hat Bad Wildbad?

## Nachtwanderung

Eine typische Zeltlagerveranstaltung, die auf keinen Fall fehlen darf! Gerade eine helle Vollmondnacht lädt förmlich dazu ein. Dann sind weder Fackeln noch Lampen notwendig, um mit den Kindern ein paar aufregende, mitunter gruselige Momente zu erleben. Eine Taschenlampe, die in eine blaue Mülltüte eingewickelt ist, verstärkt diese Stimmung und schafft den geeigneten Rahmen für eine entsprechende Geschichte auf einer Waldlichtung.

Auf dem Heimweg (bei Bedarf auch schon zuvor) sollten besonders ängstliche Kinder an die Hand genommen werden, um ihnen ein wenig Sicherheit zu geben.

## Überfallprobe

Wenn das Wochenende naht, steigt auch die Wahrscheinlichkeit, dass ein Überfall auf das Lager stattfindet. Damit in diesem Fall (allerdings nur dann, wenn es sich um einen angekündigten Überfall von Bekannten handelt) alle Kinder wissen, welchen Bereich (Küche, Lagerkreuz, Versammlungszelte) sie schützen bzw. verteidigen müssen, wird rechtzeitig eine Besprechung hierzu anberaumt. Alle Teilnehmer treffen sich dazu im Versammlungszelt, um eine Strategie durchzusprechen. Wünsche und Anregungen der Kinder sind hierbei willkommen.

Anschließend werden alle Kinder ins Bett geschickt, um das gerade Erlernte zu erproben. Dass dabei einige Kinder schummeln (z.B. angezogen ins Bett gehen), ist unvermeidbar und kann durchaus toleriert werden. Auf Kommando stürmen alle Kinder aus den Zelten und Zimmern und nehmen unverzüglich ihren Posten ein. Falls wirklich ein Überfall kommen sollte, kennen die Kinder ihre Aufgabe, und sowohl das Durcheinander als auch die Gefahr von Verletzungen bleibt halbwegs kalkulierbar.

# Donnerstag

Nun beginnen die schönsten Tage einer Ferienfreizeit! Jeder hat sich eingelebt in dem neuen Umfeld und seinen Platz in der Gruppe gefunden. Die Lagerbauten stehen, und selbst die umliegenden Dörfer wurden schon unsicher gemacht. Soweit das Wetter mitspielt, ist die Zeit reif für große Erlebnisspiele.

## Die Lagerolympiade

Ganz dem großen Vorbild folgend, steht an diesem Tag die körperliche Fitness und Geschicklichkeit jedes Einzelnen im Vordergrund. Nur das Motto "Dabei sein ist alles" wird etwas abgewandelt in "Dabei sein und Spaß haben ist alles"!

Einem Außenstehenden würden die Disziplinen wohl ziemlich seltsam vorkommen, denn wer erwartet von normalen Menschen schon, dass sie Teebeutel oder Gummistiefel durch die Luft schleudern. Dafür gibt das aber Megamotive für den Lagerfotografen.

☺ Die Verwendung eines Teleobjektives bietet sagenhafte Möglichkeiten, von Kindern tolle Bilder zu schießen. Denn wenn Kinder nicht merken, dass sie fotografiert werden, bleiben sie natürlich. Sie drehen sich nicht weg, erstarren nicht wie eine Salzsäule und schneiden keine Grimassen.

Um die Chancengleichheit zu wahren, ist es notwendig, die Teilnehmer in Altersgruppen und Geschlecht einzuteilen. Jeder Olympionike erhält vor Beginn einen vorbereiteten Laufzettel, der Spalten und Zeilen für die Disziplinen enthält. Dieser Zettel wird von den Kindern ständig mitgeführt und nach der Beendigung der jeweiligen Disziplin dem bewertenden Betreuer vorgelegt, der die Punkte einträgt. Am Ende erhält die Spielleitung die Liste zur Auswertung.

Um lästige Warteschlangen zu vermeiden, sollten die einzelnen Stationen möglichst gleich aufwendig sein. Ist dies einmal nicht möglich, so können schnelle Disziplinen mehrfach durchgeführt werden, oder es wird ein Probedurchgang vorangestellt. Natürlich kann eine vorgegebene Reihenfolge auch spontan aufgelöst werden.

Am Abend folgt der ultimative Höhepunkt des Tages: die feierliche Siegerehrung. Neben einem großen Lagerfeuer oder im üppig dekorierten Versammlungsraum wird ein Siegerpodest aufgestellt, auf dem während der Zeremonie die Urkunden und Medaillen (Gold, Silber und Bronze aus Bierdeckel o.Ä.) verliehen werden.

## Teebeutelweitwurf

Im Abstand von jeweils einem Meter werden ab der Abwurfstelle 10 Markierungen auf dem Boden angebracht (Sand, Schnur oder Steine). Die Teilnehmer versuchen, den nassen oder trockenen Teebeutel so weit wie möglich zu werfen. Pro geworfenen Meter gibt es einen Punkt.

## Gummistiefelweitwurf

Eigentlich fast kein Unterschied zu den Teebeuteln. Nur die Wurfgeschosse werden schwerer, riechen anders, fliegen weiter, und die Verrenkungen der Hauptdarsteller werden verrückter. Die Markierungen auf dem Boden beginnen z.B. bei 2 Meter und enden bei 20 Meter. Für jeweils 2 Meter gibt es einen Punkt.

## Parcourslauf

Hier sind der Phantasie fast keine Grenzen gesetzt. Ob auf einem Baumstamm über den Bach oder quer über den Platz, so gut wie alles ist denkbar. Um eine halbwegs aussagekräftige Zeit für die Bewertung zu ermitteln, sollten zuvor einige Testläufe durchgeführt werden.

Anhand der ermittelten Zeiten wird eine Tabelle erstellt und entsprechend Punkte zugeordnet. Im Zweifelsfall (falls keine Vergleichszeiten vorliegen) ist es besser, fast jedem Kind 10 Punkte zu geben als ständig 0 Punkte verteilen zu müssen.

## Stöpsel verschießen

Nicht nur akustisch eine lustige Angelegenheit. In eine aufgezogene, abgesägte Luftpumpe wird ein Weinkorken gesteckt. Durch schnelles Zusammenpressen wird der Korken abgefeuert. Damit das Ganze einen Sinn erhält, werden drei unterschiedlich weit entfernte Ziele vorgegeben, die getroffen werden müssen. Pro Treffer erhält der Schütze 3 Punkte.

## Kirsch- oder Melonenkernzielspucken

Auch hier muss gezielt und getroffen werden - und es ist mindestens so lustig wie zuvor. Der große Unterschied allerdings: es gibt was zu essen! Im Abstand von ca. 1,5m wird ein Eimer aufgestellt. Jeder Teilnehmer erhält 10 Kirschen oder ein Stück Melone mit Kernen und versucht von 10 Kernen so viele wie möglich in den Eimer zu spucken. Pro Treffer gibt es einen Punkt.

## Spiele für drinnen

Was machen, wenn z. B. eine Lagerolympiade geplant ist und es in Strömen regnet? Klar, dann ist ein Alternativprogramm notwendig. Wer regelmäßig den Wetterbericht verfolgt, kann sich rechtzeitig darauf einstellen. Aber auch ein plötzliches Gewitter kann den Programmplan durcheinander bringen. Daher sollten immer ausreichend Ideen und Bastelmaterial für ein bis zwei Regentage vorhanden sein.

Hier gibt es sowohl in gedruckter Form als Buch als auch im Internet eine fast unerschöpfliche Auswahl, ruhige Spiele und solche, die das Haus zum Zittern bringen, freie Auswahl für jeden Geschmack.

Ein Beispiel: **Stromschlag**! Die Kinder stellen sich in zwei parallelen Reihen zu jeweils 10 bis 15 Personen auf. Sie kehren sich dabei den Rücken zu und fassen sich an den Händen. Am einen Ende der Reihen steht ein Stuhl und daneben ein Betreuer mit einer Geldmünze in der Hand. Der Betreuer dreht auf dem Stuhl die Münze um die eigene Achse. Nur die beiden ersten Kinder in der Reihe dürfen hinschauen. Fällt die Münze so, dass die Zahl zu sehen ist, drücken beide Kinder die Hand des Nebenmannes. Der wiederum drückt die des nächsten usw. Ist der Händedruck beim Letzten angekommen, schlägt dieser mit der Hand auf einen Stuhl oder ruft laut "angekommen!" Fällt die Münze auf die andere Seite, passiert ein paar Sekunden nichts, bevor der Spielleiter die Münze nochmals dreht.

Der Spieler, der zuerst reagiert hat, darf das Ende der Schlange verlassen und an den Anfang gehen. Die Schlange, die zuerst durchgewechselt hat, ist Sieger.

## Mittagspause

Wer den ganzen Tag herumtollt, der braucht sie – die Mittagspause. Nicht nur die Kinder, vor allem die Betreuer sind dankbar, wenn sie einmal am Tag abschalten können. Die Teilnehmer dürfen tun, was sie wollen. Jedoch darf dabei die Aufsichtspflicht nicht vernachlässigt werden. Ein Betreuer ist im Haus und einer im Freien. Die übrigen erledigen ihre Pflichten beim Küchendienst, der Lagerbank und dem Lagerkiosk.

## Drohbrief

Wie bereits erwähnt, kommen von Zeit zu Zeit ein paar bekannte Gestalten vorbei, um mitten in der Nacht ein Spektakel mit Namen Überfall zu vollführen. Schön, wenn dies entsprechend dem Motto mit Kostümen und Theatereinlagen verbunden ist. Noch schöner, wenn es bereits ein paar Tage zuvor mit einem passenden Drohbrief eingeleitet wird. Entsprechend dem Lagermotto aufgemacht, verfehlt er sicherlich nicht seine Wirkung.

Natürlich darf die Wortwahl nicht zu wild ausfallen. Erfahrene Lagerteilnehmer wissen zwar, wie der Drohbrief einzuordnen ist, aber die Neulinge dürfen diese Aktion nicht missverstehen. Wer in dieser Hinsicht Bedenken hat, der sollte das Dokument besser nicht veröffentlichen.

## Sponsorenkarten basteln

Erfahrene Lagerorganisatoren wissen es längst, ohne ein paar hilfreiche Geister und Förderer im Hintergrund erstickt so manche Idee bereits im Keim. Sei es der Transport des Zeltmaterials, eine Finanzspritze für den geplanten Tagesausflug oder das Knuspermüsli, welches das Frühstück veredelt, alle Sponsoren sind extrem wichtig! Selbstverständlich, dass sie aus der Freizeit einen kleinen Dankesgruß erhalten.

Eine nette Postkarte mit einem persönlichen Gruß auf der einen und einem passenden Foto auf der anderen Seite, noch eine Briefmarke drauf und ab in den Postkasten. Diese kleine Freude wird seine Wirkung sicher nicht verfehlen.

## Lagerzeitung

Hier bieten sich zwei unterschiedliche Modelle an: ein Lagerhandbuch, das bei Antritt der Freizeit an die Teilnehmer verteilt wird, und eine Zeitung, die während des Lagers entsteht.

Das **Handbuch** bietet sich dann an, wenn sich viele neue Teilnehmer für die Fahrt angemeldet haben. Es dient sozusagen als Begleitheft mit Informationen zu lagertypischen Aktionen, Liedern, Bildern und Geschichten. Auch Praktiken aus dem Lagerleben der Pfadfinder (Knoten binden, Verhalten in der Natur, Infos zu Tieren, Pflanzen usw.) können das Handbuch bereichern.

Die **Lagerzeitung** dagegen wird erst während der Ferienfreizeit geschrieben. In welcher Runde (Arbeitskreis, feste Redaktion oder gar als Dienst) dies geschieht, spielt eine untergeordnete Rolle. Hauptsache, die Teilnehmer können sich dabei frei entfalten und dürfen schreiben, was sie bewegt. Meist dokumentieren sie die Programmpunkte der einzelnen Lagertage, oder sie interviewen die Betreuer. Aufgelockert wird der redaktionelle Teil durch selbst gedichtete Lieder, einen im Lager entstandenen Schlachtruf oder die klassische Witzseite.

Nach dem Lager wird die Zeitung noch ergänzt, z.B. durch Adresslisten, das Ergebnis einer Abschlussreflexion, Anekdoten und Beiträge von Plakaten wie "Es geht das Gerücht um, dass...." oder "gesucht/gefunden.....". Für jeden Teilnehmer wird ein Exemplar kopiert und beim Nachtreffen verteilt.

Bei sehr großen Lagern bietet sich die Herausgabe eines **Tagesblattes** an. Eine eigens dafür eingerichtete Redaktion erarbeitet täglich Beiträge, informiert über besondere Aktionen und veröffentlicht Grüße und Bilder. Dies nimmt nicht nur extrem viel Zeit in Anspruch, sondern braucht auch eine ganze Menge an technischer Ausstattung (PC, Drucker, Kopierer) und finanzieller Anstrengung.

## Lagerwolf

Nicht zu verwechseln mit dem Lagerwolfgang! Der Lagerwolf ist eine fiktive Person, die nach Einbruch der Dunkelheit über den Lagerplatz bzw. durch das Haus geht und alle liegen gebliebenen Gegenstände (Teller, Tassen, Kleidungsstücke oder Zahnbürsten) einsammelt. Verkörpert wird der Lagerwolf durch die Lager-

oder Tagesleitung. Bei nächster Gelegenheit, zum Beispiel nach der folgenden Mahlzeit, werden die Gegenstände wieder verteilt. Allerdings müssen die Kinder dafür eine Gegenleistung erbringen. Bei einem Dienst helfen, die Feuerstelle aufräumen oder was Gutes tun sind nur ein paar Möglichkeiten.

## Die Lagerkreise

Nach dem morgendlichen Wecken mit anschließender Toilette treffen sich alle beim **Morgenkreis**. Nach der Begrüßung durch die Tagesleitung folgen ein paar meditative Elemente oder ein kurzes Gebet, bevor das Banner gehisst wird. Anschließend noch ein wenig Frühsport zum Aufwachen und schon wartet das Frühstück.

Der **Lagerkreis** findet je nach Bedarf mehrmals täglich statt. Er dient dem Informationsaustausch, startet Spiele und Programmpunkte. Kommen Gäste, kann ihnen zu Ehren eine Runde einberufen werden, um sie zu begrüßen und vorzustellen. Auch wenn ein Teilnehmer früher gehen muss, dient der Kreis der Verabschiedung.

Der **Schlusskreis** beschließt den Tag und verabschiedet die Kinder ins Bett. Weiterhin wird während dieser Runde das Banner eingeholt, oder sie wird für eine Tagesreflexion genutzt. In einem christlich orientierten Lager wird ein kurzes Gebet die Runde beenden.

## Wochenendplanung

Ein Blick in die Küche zeigt, dass die Planungen für das bevorstehende Wochenende bereits angelaufen sind.

Je nachdem wie viele Besucher sich angemeldet haben, müssen die Mahlzeiten neu berechnet werden. Vor allem Brot und Getränke sind reichlich zu bevorraten. Aber auch Kleinigkeiten wie Gewürze und Öl zum Braten können für Aufregung sorgen, wenn plötzlich nichts mehr da ist. Also unbedingt rechtzeitig einen Einkaufsplan erstellen.

☺ Beim Einlagern von frisch gekauftem Brot immer darauf achten, dass es unter dem "alten" deponiert wird. So ist gewährleistet, dass zuerst das bevorratete Brot verbraucht wird, bevor das frische auf den Tisch kommt. Ist dies doch einmal nicht der Fall, muss erheblich mehr Brot kalkuliert werden, da Kinder davon fast das Doppelte essen!

# Freitag

Wandertag! Nachdem die ersten Tage hauptsächlich am Platz stattgefunden haben, packen die Kinder heute ihren Rucksack und machen sich auf, die weitere Umgebung zu erkunden. Einige graust es davor, andere freuen sich darauf. So unterschiedlich sind die Erwartungen an diesen Tag. Hauptsache das Wetter spielt mit, nicht zu warm und nicht zu kalt, am besten bewölkt, aber nicht regnerisch! Und wenn die Strecke noch abwechslungsreich verläuft, erwartet Kinder und Betreuer ein interessanter Tag.

"Na komm Nina, es ist nicht mehr weit. Gleich da vorne über dem Hügel machen wir eine richtig lange Pause." Mit solchen oder ähnlichen Versprechungen wurden schon Generationen von Zeltlagerkindern dazu angehalten, nicht so früh schlappzumachen. Kaum ist die Gruppe unterwegs, werden oft schon die ersten Nörgeleien laut. Kinder dürfen den Wandertag daher nicht als Beschäftigungstherapie sehen, bei dem der Weg nur dazu dient, ein weit entferntes Ziel zu erreichen.

Im Gegensatz zu manchen Erwachsenen, für die eine Wanderung durchaus meditative Züge annehmen kann, brauchen Kinder Abwechslung. Eine gerade Strecke, die kontinuierlich bergauf geht, demoralisiert sie, und sie verlieren schnell die Lust am Laufen.

## Wandern mit Kindern
### Checkliste Ausrüstung:
▷ Wanderkarte (am besten Maßstab 1:25.000)
▷ Kompass
▷ Kleine Erste-Hilfe-Tasche incl. Blasenpflaster
▷ Reserveproviant, z.B. Müsliriegel
▷ Notfallhandy mit vollem (!) Akku
▷ Uhr
▷ evtl. Taschenlampe mit Ersatzbatterie

### Vorbereitung
▷ Die verantwortungsvolle Vorbereitung einer Wanderung beginnt bereits ein, zwei Tage zuvor. Der Wetterbericht muss verfolgt werden, um entsprechend reagieren zu können.
▷ Ausgeschlafen ans Werk gehen. Falls in der Nacht zuvor ein Überfall stattgefunden hat und die Kinder spät ins Bett gekommen sind, ist es besser einen geplanten Wandertag zu verschieben.
▷ Richtige Kleidung: funktionell und zugleich leicht und bequem.
▷ Wander- oder Kinderbergschuhe mit rutschfester Profilsohle.
▷ Bei schönem Wetter auf ausreichend Sonnenschutz (Hut, Sonnencreme) achten. Ansonsten unbedingt Regencape mitnehmen!
▷ Ausreichend Flüssigkeit (am besten ganz schwach gesüßter Tee) zum Füllen der Feldflasche bereithalten.
▷ Vor dem Abmarsch muss eine zusätzliche Schalterstunde der Lagerbank eingeplant werden.
▷ Abschließende Belehrung: z.B. die Gruppe und die vorgegebenen Wege (vor allem in den Bergen oder im Naturschutzgebiet) dürfen nicht verlassen werden.
▷ Rechtzeitig aufbrechen, um nicht schon von Anfang an dem Zeitplan sprichwörtlich hinterherzulaufen.

## Der Weg ist das Ziel
▷ Wenn möglich Kluft oder ähnliche "Lageruniform" tragen.
▷ Langsames Einmarschieren und nach 20 Minuten eine kurze Pause einplanen, um die Schuhe zu binden und die Ausrüstung zu korrigieren.
▷ Interessante Stopps einbauen: ein Bach, eine Burg oder eine schöne Waldlichtung, um evtl. kleinere Spiele durchzuführen.
▷ Die Natur respektieren! Keine Pflanzen und Tiere aus Langeweile oder Unmut zerstören bzw. töten.
▷ Passende Stationen für die Mahlzeiten und zum Nachfüllen der Feldflasche einplanen. Sofern es die Verkehrswege zulassen, sollten die Speisen und Getränke vom Küchenteam gebracht werden. Dann muss der Proviant nicht getragen werden. Falls Müll entsteht, nimmt das Küchenteam den wieder mit.

## Sicherheit geht vor
▷ Im Rucksack sollten nur wichtige Gegenstände mitgeführt werden. Er sollte maximal 3 bis 5 kg schwer sein.
▷ Die Wandergeschwindigkeit orientiert sich immer am Schwächsten! So können keine Nachzügler abgehängt werden, die dann hinterherlaufen müssen.
▷ Bergauf gehen die Kinder voraus, um das Tempo zu bestimmen. Bergab gehen die Betreuer vorweg. Kinder neigen dazu, ins Tal zu rennen. Das führt schnell zu Unfällen und belastet sowohl die Gelenke als auch die Wirbelsäule.
▷ Notfallhandy nicht vergessen!
▷ Bei einem aufziehenden Gewitter unbedingt rechtzeitig Schutz suchen. Wanderungen in den Bergen sofort abbrechen und umkehren. Das Gleiche gilt auch für schlechte Sicht oder Nebel.

Und was sagt die Straßenverkehrsordnung (StVO) zum Thema Fußgänger?
▷ Fußgänger müssen die Gehwege benutzen. Auf der Fahrbahn dürfen sie nur gehen, wenn die Straße weder einen Gehweg noch einen Seitenstreifen hat. Benutzen sie die Fahrbahn, so müssen sie innerhalb geschlossener Ortschaften am rechten oder linken Fahrbahnrand gehen; außerhalb geschlossener Ortschaften müssen sie am linken Fahrbahnrand gehen, wenn das zumutbar ist. Bei Dunkelheit, bei schlechter Sicht oder wenn die Verkehrslage es erfordert, müssen sie einzeln hintereinander gehen.

▷ Fußgänger haben Fahrbahnen unter Beachtung des Fahrzeugverkehrs zügig auf dem kürzesten Weg quer zur Fahrtrichtung zu überschreiten, und zwar, wenn die Verkehrslage es erfordert, nur an Kreuzungen oder Einmündungen, an Lichtzeichenanlagen innerhalb von Markierungen oder auf Fußgängerüberwegen. Wird die Fahrbahn an Kreuzungen oder Einmündungen überschritten, so sind dort angebrachte Fußgängerüberwege oder Markierungen an Lichtzeichenanlagen stets zu benutzen.

▷ Fußgänger dürfen Absperrungen, wie Stangen- oder Kettengeländer, nicht überschreiten. Absperrschranken (§ 43) verbieten das Betreten der abgesperrten Straßenfläche.

▷ Gleisanlagen, die nicht zugleich dem sonstigen öffentlichen Straßenverkehr dienen, dürfen nur an den dafür vorgesehenen Stellen betreten werden.

▷ Bei Dunkelheit sollte der vorausgehende Betreuer zusätzlich eine gut sichtbare weiße Lampe mit sich führen. Der Betreuer, der hinterhergeht, trägt eine rote Leuchte mit sich.

## Verhalten bei Gewitter

Wenn es donnert, ist ein Gewitter nicht mehr weit. Denn der Donner ist nur in einer Entfernung bis ca. 10 Kilometer zu hören. Eine Gewitterzelle kann dann bei einer Zuggeschwindigkeit von etwa 60 km/h bereits nach 10 Minuten die Wandergruppe erreicht haben. Zur Kontrolle der Entfernung wird die Zeit zwischen Blitz und Donner multipliziert mit der Schallgeschwindigkeit (ca. 340 m/s). Die Zeit, bis das Gewitter die Gruppe erreicht hat, sollte genutzt werden, um einen Einschlag geschützten Ort aufzusuchen. Am sichersten ist natürlich ein Gebäude mit Blitzschutz. Aber auch ein Gebäude ohne Blitzschutz ist besser als der Aufenthalt im Freien. Falls die Zeit nicht mehr reichen sollte, einen solchen Schutz zu erreichen, helfen folgende Verhaltensregeln:

▷ Die Gruppe sollte einen Ort mit geringerer Einschlaggefahr aufsuchen (z.B. Bodenmulden oder Hohlwege).

▷ Die direkte Nähe zu Einschlag gefährdeten Punkten meiden (allein stehenden Bäume, Waldrand).

▷ Ausreichend Abstand zu Metallgegenständen einhalten (z.B. metallene Zäune, Funksendemasten).

▷ Nicht gruppenweise zusammenstehen. Füße eng schließen, um Schrittspannung zu vermeiden.

▷ In die Hocke gehen. So wird die Einschlagwahrscheinlichkeit minimiert.

## Diagnose: Blasenbildung

Der Horror für jeden Betreuer. Bereits nach wenigen Kilometern jammern die ersten Kinder über Schmerzen, hervorgerufen durch Blasen an den Füßen. Ausschließen lässt sich dies nie, aber die Wahrscheinlichkeit kann verringert werden:

▷ Am Anfang des Lagers mit kurzen Wanderungen beginnen.
▷ Auf eine Wanderung niemals neue Schuhe oder Socken anziehen.
▷ Zuerst eine eng anliegende, dünne Kunstfasersocke anziehen, darüber eine dickere als Polsterung.
▷ Wandersocken nach dem Waschen nochmals wässern, um die Waschmittelrückstände zu entfernen (Tipp für die Eltern beim Vortreffen). Alternativ können auch getragene Socken verwendet werden.
▷ Keine feuchten oder nasse Socken und Schuhe anziehen.
▷ Vor Beginn der Wanderung Schuhe gut zuschnüren und Druckstellen vermeiden. Nach zwei bis drei Kilometern eine kurze Pause einplanen, um die Schnürsenkel nachzuziehen.
▷ Bei Warnsignalen (Schmerzen, örtliches Wärmegefühl) muss die Druckstelle vor weiterer Belastung geschützt werden. Dazu wird ein großes Stück Pflaster rund zugeschnitten (dadurch löst es sich nicht so schnell) und großflächig und ohne Falten auf die betroffene Stelle geklebt. Noch besser ist ein spezielles Blasenpflaster.

*Wandertag*

Ist es dann doch einmal passiert, und es hat sich eine Blase gebildet, muss die Blase richtig behandelt werden, damit der kleine Patient möglichst bald wieder mit voller Begeisterung am Programm teilnehmen kann.

▷ Blasen niemals öffnen! Die Heilungsbedingungen sind in der Blase optimal, da die Wunde vor Infektion geschützt ist.
▷ Öffnet sich die Blase von alleine, sollte sie desinfiziert werden. Aber bitte nicht mit Alkohol, der brennt fürchterlich in der Wunde. Zusätzlich kann der Heilungsprozess durch ein spezielles Blasenpflaster unterstützt werden.

☺ Zum Abpolstern einer Blase eignet sich auch eine Mullkompresse aus der Erste-Hilfe-Tasche. Dazu wird die Kompresse aus der Verpackung genommen und zweimal zusammengefaltet (1+2). Nun wird auf der gefalteten Seite mit der Schere ein Dreieck herausgeschnitten (3), das im Idealfall der Größe der Blase entspricht. Dieses Polster (4) wird nun über die Blase gelegt und mit Heftpflaster befestigt.

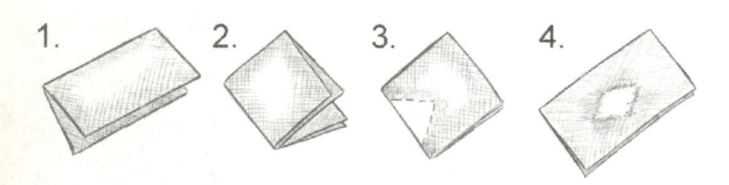

## Ökoball

Auch wenn der Name unter Umständen den Eindruck erweckt, es handelt sich nicht um ein neues Spielgerät aus einem besonderen umweltverträglichen Material. Vielmehr geht es dabei um die Sauberkeit des Lagerplatzes.

Spätestens nach einer Woche mit den Kindern ist es allerhöchste Zeit, einmal gründlich durchzuputzen. Denn leider landet nicht immer jedes Stückchen Abfall auch da, wo es eigentlich hingehört. Hier ein Bonbonpapier, dort die Reste vom letzten Bastel-Workshop, alles Dinge, für die sich normalerweise niemand verantwortlich fühlt.

Daher treffen sich alle Teilnehmer zu dieser "Veranstaltung" und stellen sich auf einer Seite des Platzes in einer Reihe auf. Auf Kommando laufen alle langsam los und sammeln jedes Stück Abfall vom Boden, das sie sehen. Selbstverständlich sollten sich alle Betreuer dabei beteiligen und vor allem auch bücken! Dieser Vorgang wird so lange wiederholt, bis der Platz von allem Müll befreit ist.

## Pfeif-Such-Spiel – Blinkerspiel

Zwei Namen – ein Grundgedanke. Bei beiden Spielen geht es darum, verschiedene Posten anzulaufen und einen Teil einer Aufgabe oder eines Lösungswortes zu erhalten.

**Bei Tag** verstecken sich die Betreuer (auf einem Baum, im Gebüsch oder in einem Graben) in einem bekannten, klar eingegrenzten Waldstück und geben mit den unterschiedlichsten Instrumenten Geräusche von sich. Die Kinder haben nun die Aufgabe, anhand der Töne die Posten zu finden, den jeweiligen Teil der Aufgabe entgegenzunehmen und anschließend diese zu erfüllen. Gewonnen hat, wer zuerst fertig ist.

**Bei Nacht** kann das Spiel in ähnlicher Form durchgeführt werden. Nur werden dann die Instrumente durch Lampen ersetzt.

## Powereinkauf

Auf Grund der neuen Ladenöffnungszeiten hat sich die Einkaufssituation zwar deutlich entspannt, aber wer übers Wochenende 60, 80 oder noch mehr Personen zu versorgen hat, der muss rechtzeitig mit der Bevorratung beginnen.

Unter Berücksichtigung der Besucher wird zuerst ein ausführlicher Einkaufszettel geschrieben, bevor der Großeinkauf der haltbaren Artikel beginnt. Die frischen Waren wie Fleisch und Salate folgen am Samstag.

*Wochenendeinkauf*

Noch ein abschließender Kontrollblick auf den Füllstand des Kompostloches und das Wochenende kann kommen.

☺ **Das Küchenteam geht chinesisch Essen**! Was sich nach einer netten Abendveranstaltung anhört, erfüllt bei genauerer Betrachtung einen tieferen Sinn. Zum einen finden die Jungs und Mädels von der Küche hier den nötigen Abstand, um in aller Ruhe das Abschlussbuffet vorzubereiten. Zum anderen ist dies eine tolle Gelegenheit, beim Bezahlen nach Stäbchen für ein geplantes chinesisches Essen für die Teilnehmer zu fragen. Kaum ein Restaurantbesitzer wird diese Bitte abschlagen. Wer Glück hat, wird die Stäbchen geschenkt bekommen oder sie zumindest zum Einkaufspreis kaufen können.

# Samstag

*Samstagmorgen beim Frühstück. Steffi: Drei gute Möglichkeiten, warum heute Überfall ist: 1. Sarah läuft schon den zweiten Tag so "aufgebretzelt" rum. 2. Die Küche hat so viel eingekauft. 3. Samstags ist immer Überfall!*

So ganz Unrecht hatte das Mädchen natürlich nicht, als es diese Theorie aufgestellt. Aber abgesehen davon, ist der Samstag tatsächlich perfekt für einen Überfall! Es besteht genügend Zeit für die Anreise und die Vorbereitung. Am folgenden Morgen können alle ausschlafen, und Urlaub muss auch niemand nehmen!

Neben dem obligatorischen Überfall ist der Samstag aber auch ein hervorragender Tag für ein groß angelegtes Spiel im Freien wie die Themarallye oder die "Light-Version", den geistig-körperlichen Hindernislauf, kurz GKH genannt.

## Die Themarallye

Um diesem Spiel einen besonderen Reiz zu verleihen, werden die einzelnen Posten möglichst phantasievoll in das Lagermotto eingebunden. Jeder Betreuer ist entsprechend verkleidet und spielt eine besondere Person. Auch die einzelnen Aufgaben folgen einem vorgegebenen Schema und ergeben zusammen eine abgeschlossene Geschichte.

Die Vorbereitung dieser Rallye beginnt am besten während des Vortrupps, indem zwei Betreuer einen geeigneten Rundweg und Plätze für die jeweiligen Posten erkunden. Der Weg darf körperlich nicht zu anstrengend, nicht gefährlich und muss einfach zu markieren sein.

Kurz vor Beginn der Rallye rüsten sich die Betreuer mit allen notwendigen Utensilien aus (Zubehör für ihren Posten, Stift und Papier, Verpflegung, Sitzgelegenheit). Zusammen machen sie sich auf den Weg, markieren diesen, und jeder bezieht seinen Posten. Der letzte Posten sollte sich möglichst wieder in der Nähe des Platzes befinden, damit der Rückweg kurz und einfach zu beschreiben ist.

In der Zwischenzeit werden die Teilnehmer von der Küche in Gruppen zu jeweils 5 bis 6 Kindern eingeteilt. Altersmäßig muss gut durchgemischt werden, damit nicht plötzlich nur kleine Kinder zusammen unterwegs sind. Anschließend folgt eine Kurzbeschreibung sowohl des Spieles als auch des Weges. Besonders wichtig ist der Hinweis, dass die Teilnehmer den markierten Weg auf keinen Fall verlassen dürfen!

Zum vereinbarten Zeitpunkt verlässt die erste Gruppe unter Aufsicht eines Küchenmitgliedes den Platz und folgt den Markierungen. Die nächsten Gruppen folgen in Abständen von jeweils 15 Minuten.

## Ein Beispiel zum Motto "Unterwegs in Mittelerde"

**Posten 1**: Ein Zwerg sitzt einsam am Waldrand und hat eine Schüssel mit Wasser vor sich stehen. Die Kinder haben die Aufgabe, mit dem Mund einen Apfel aus der Schüssel zu fischen und diesen zu essen. Die Kerne müssen sie anschließend einpflanzen, damit der Zwerg wieder neue Äpfel bekommt.
**Belohnung**: Ein Zettel mit dem ersten Wort des Lösungssatzes, verbunden mit dem Hinweis auf den weiteren Weg.

**Posten 2:** Zwei Waldläufer. Die Kinder werden in Gruppen zu jeweils zwei Personen eingeteilt. Einem von beiden werden nun die Augen verbunden. Der andere dreht ihn mehrmals um die eigene Achse und führt ihn dann zu einem beliebigen Baum. Durch Ertasten soll er diesen kennen lernen und ihn danach wieder erkennen können. Ist ihm das gelungen, werden die Rollen getauscht, und das Ganze beginnt von vorn.
**Belohnung:** Ein weiterer Zettel mit dem zweiten Wort.

**Posten 3**: Am Wegrand liegt ein Pfeil aus Ästen, der in den Wald zu zwei schneeweiß gekleideten Elben zeigt. Dort muss einer der Teilnehmer mit einem Trinkhalm aus einem Wasserfarbenklecks ein Bild pusten. Die beiden Elben lesen den Kindern aus dem Bild ihre (natürlich positive) Zukunft.
**Belohnung**: Das Bild und das dritte Wort. Diesmal jedoch nicht auf einem Zettel! Das müssen sie sich diesmal merken.

**Posten 4**: Auf dem Weg liegt für jede Gruppe ein Blatt Papier samt Kugelschreiber mit einem Kreutzworträtsel (natürlich immer das Gleiche).
**Belohnung**: Keine, denn die Lösung des Rätsels ist das vierte Wort.

**Posten 5**: Ein Kobold, gekleidet mit Lumpen und mit nackten Füßen, sitzt auf einem Baumstumpf. Zwei Kinder müssen ihre Schuhe und Strümpfe ausziehen und mit den Zehen zehn Murmeln vom Boden in ein Gefäß befördern.
**Belohnung**: das fünfte Wort und ein paar Schokolinsen als Ansporn für den weiteren Weg.

**Posten 6**: Auf einem Hochsitz (möglichst stabil) sitzt ein Zauberer. Er reicht den Kindern zwei Bilder, die scheinbar identisch sind. Irgendwo befinden sich jedoch zwei kleine Fehler, die es zu finden gilt.
**Belohnung**: ein Zauberstab mit dem sechsten Wort darauf!

**Posten 7**: Eine Mumie (ein in WC-Papier eingewickelter Betreuer) liegt auf dem Boden! Ein zweiter Betreuer weist die Kinder an, einen aus ihrer Gruppe ebenfalls einzuwickeln und diese Mumie anschließend in der Küche abzuliefern.
**Belohnung**: der letzte Buchstabe, verbunden mit einer kleinen Leckerei.

Nachdem die Kinder alle Aufgaben erfüllt haben, müssen sie nur noch den Lösungssatz herausfinden, und das Spiel ist beendet. Die Betreuer beenden ihrerseits das Spiel, indem sie die Markierungen möglichst komplett wieder einsammeln.

## GKH

Wie bereits erwähnt, ist dies die einfache Version einer Themarallye. Der Hauptunterschied besteht darin, dass der Ablauf nicht unbedingt dem Motto folgt. Das heißt aber nicht, dass die Stationen nicht mindestens so interessant sind. Mit etwas Phantasie finden sich recht schnell sportliche Aufgaben und Wissensfragen.

### Hier eine kleine Auswahl bewährter Stationen:
▷ Ein Parcours muss rückwärts durchlaufen werden.
▷ Geschmackstest in der Küche. Mit verbundenen Augen müssen dabei fünf verschiedene Zutaten erraten werden (z.B. Senf, Essig, Ketchup, Honig, Konfitüre)
▷ Es sind fünf verschieden Blätter von heimischen Bäumen zu erkennen.

▷ 10 Erbsen müssen innerhalb 30 Sekunden durch Ansaugen mit einem Strohhalm von einem Behälter in einen anderen transportiert werden. Alternativ kann dieser Posten auch mit Wasser durchgeführt werden.
▷ Typische Gegenstände von Betreuern müssen diesen zugeordnet werden.
▷ Die Dauer einer Minute schätzen.
▷ In einer verschlossenen Box müssen durch ein Loch Gegenstände ertastet werden. Für jeden erkannten Gegenstand erhält der Teilnehmer einen Punkt.
▷ Alle Betreuer mit Namen aufzählen.

☺ Um unnötige Staus zu vermeiden, sollten die einzelnen Posten während des Vortrupps ausprobiert werden. Das ist nicht nur sehr lustig, sondern zeigt recht schnell, wo versteckte Probleme auftauchen.

## ASP, was das?

Schon unter normalen Umständen, wie in der Gruppenstunde oder bei Kinderfeiern, ist es nicht ganz einfach, Spiele oder Bastelaktionen zu finden, für die sich alle Kinder gleichmäßig begeistern können. Während einer Ferienfreizeit kommt noch ein weiteres Problem hinzu: das unterschiedliche Alter und die damit verbundenen unterschiedlichen Interessen der Teilnehmer.

Es ist daher von Zeit zu Zeit angebracht, in Form eines entsprechenden Altersstufenprogramms (ASP) auf die Belange der verschiedenen Jahrgänge einzugehen.

Während die Kleinen (8 bis 10) das Lagerleben noch hauptsächlich spielerisch erleben, möchten die Älteren (11 bis 13) viel lieber kreativ gefordert werden. Und die Ältesten (14 bis 16) können durchaus schon in die Organisation des Lagers oder der Küche mit eingebunden werden.

## Der ganz normale Wahnsinn

*Wildbad 1992. Ein verregnetes Mädchenzeltlager auf einem versumpften Zeltplatz. Überall Matsch und Pfützen.*

*Zu allem Übel kam am Samstag ein Mädchen ganz aufgeregt ins Küchenzelt und meinte, die Klos seinen verstopft. Alle auf einmal! Na klasse! Das hatte noch gefehlt. Bei genauerer (im Übrigen nicht sehr appetitlicher) Betrachtung wurde klar, dass es noch viel schlimmer war: die Zisterne war voll!*

*Nun war guter Rat teuer - es war schließlich Samstagnachmittag! Bei der Stadtverwaltung war längst niemand mehr da und vom Notdienst lag keine Telefonnummer vor. Wer denkt schon an so was. Nach einigen Telefonaten mit Platzwart, Pfarrer usw. gelang es dann doch noch, jemanden ausfindig zu machen, der das Lager aus seiner Notlage befreien wollte.*

*Tatsächlich kam nach etwa einer Stunde ein großer, orange farbiger LKW auf den Lagerplatz gefahren. Der Fahrer parkte sein Gefährt direkt neben den Toiletten. Er öffnete den Betondeckel der Zisterne, hängte den überdimensionalen Rüssel in den Auffangbehälter und begann abzupumpen.*

*Angelockt durch den Lärm versammelten sich außer zwei Betreuerinnen noch einige Kinder um die stinkende Öffnung. Unter ihnen auch Carline. Eigentlich heißt sie Caroline, aber das "o" auf dem Namensschild hatte sie einfach vergessen.*

*Plötzlich sagt sie fast hämisch: „Ja, ja. Das sind die, die nix g´scheids gelernt haben!"*

*Totenstille! Die Betreuerinnen liefen hochrot an und wären am liebsten im Boden versunken! Sie versuchten zwar noch, die Situation mit einer Einladung zum Kaffee zu retten, aber zu spät, der nette Mann in orange machte sich so schnell er konnte aus dem Staub.*

## Wetten dass...?!

Nicht nur auf dem Bildschirm ist dieser Klassiker ein echtes Highlight! Auch bei Ferienfreizeiten ist das Wettspiel äußerst beliebt! Die Vorbereitungen hierzu beginnen bereits nachmittags, wenn sich Kinder, Betreuer und das Küchenteam eine möglichst phantasievolle Wette überlegen.

Rechtzeitig, am besten ein paar Tage zuvor, spätestens aber während des Nachmittags, müssen die Wettvorschläge bei der Lagerleitung oder den Moderatoren eingereicht werden. Sie besitzen Vetorecht und prüfen, ob die Wetten durchführbar und nicht geschmacklos sind. Bei Wettessen bzw. -trinken muss zudem sensibel vorgegangen und ggf. sollte sogar Rücksprache mit den Wettkandidaten gehalten werden. Denn die Gefahr, sich dabei den Magen zu verderben, ist bei solchen Wetten nicht zu unterschätzen. Außerdem ist es immer etwas heikel mit Lebensmitteln zu spielen.

Nach dem Abendessen versammeln sich Teilnehmer, Betreuer und Küchenteam möglichst am Lagerfeuer, um ihre Wetten zu präsentieren. Durch das Programm, das durch Musik- und Werbeeinlagen aufgelockert wird, führen ein oder

*Wetten dass....?*

zwei Moderatoren, die natürlich entsprechend "aufgemotzt" auf der Bühne erscheinen. Zur Freude der Kinder dürfen die berühmten Gummibärchen natürlich nicht fehlen.

Keine Wette ohne Wetteinsatz! Wird eine Wette verloren, zieht dies selbstverständlich eine Aufgabe nach sich! Während einer Ferienfreizeit orientieren sich die Aufgaben üblicherweise am Allgemeinwohl. Ein paar Beispiele: Lagerplatz aufräumen, Schuhe putzen, Betreuer massieren oder (ganz mutig) für alle Gruppen das Geschirr spülen.

☺ Ein Showabend am Lagerfeuer zieht sich über einen längeren Zeitraum hin. Während es am Anfang noch angenehm warm ist, wird es mit zunehmender Dunkelheit schnell abkühlen. Die Kinder müssen also rechtzeitig darauf hingewiesen werden, sich warm anzuziehen.

## Überfall

Das Wichtigste zuerst: Ein Überfall auf ein Zeltlager ist ein Spiel und hat normalerweise absolut nichts mit kriminellen Absichten zu tun! Es geht ausschließlich darum, den Kindern einen nächtlichen Spaß zu bereiten. Auf welche Art und

Weise dies geschieht (Banner, Lagerglocke oder Klopapier klauen, das Küchenzelt ausräumen, alle Schuhe einsammeln), ist natürlich jedem selbst überlassen. Jedoch setzen sich, bedingt durch schlechte Erfahrungen bei diesem "Nachtgeländespiel", immer öfters klare Regeln seitens der Lagerleitung durch. Hier ein paar Beispiele:

**Vorbereitung der Aktion:**
- Nur Überfälle akzeptieren, die von bekannten Personen durchgeführt werden. Ist dies nicht der Fall, bleiben die Kinder in den Zelten.
- Bei Regen ist es für beide Seiten besser, auf einen Überfall zu verzichten.
- Ist der Zeitpunkt (Wochentag) eines Überfalles bekannt, empfiehlt es sich, die Anwohner, den Platzwart oder sogar den zuständigen Polizeiposten vorher zu informieren.
- Zeichnen sich hierbei bereits mögliche Schwierigkeiten ab, ist es besser kurzfristig eine Nachtwanderung einzuschieben. Der Überfall findet dann eben auf einer Waldlichtung statt.
- Auch die Küche muss vorbereitet sein! Meist sind die "Täter" nach ihrer "Tat" hungrig und durstig. Genügend Material muss bereit stehen! Wichtige Nahrungsmittel für den nächsten Tag sollten bei Bedarf besonders gekennzeichnet oder sogar in Sicherheit gebracht werden.
- Zusammen mit den Kindern können ein paar nette Überraschungen vorbereitet werden: Schnüre spannen mit Glöckchen dran, Wasserspritzpistolen füllen o.Ä.
- Faustregel für die Anzahl der "Angreifer": Nicht mehr überfallende Personen als ein Drittel der Betreuer.
- Keine Uniformen oder sonstige Tarnkleidung anziehen. Am besten eignen sich Kostüme, die dem Lagermotto entsprechen.

**Ablauf des Überfalles:**
- Für einen Überfall muss ein Startsignal, z.B. die Lagerglocke vereinbart sein. Nur die Lagerleitung ist befugt, dieses Signal zu geben.
- Keinen Schaden anrichten, weder physisch noch psychisch noch materiell!
- Keine Feuerwerkskörper von Silvester abbrennen. Eine gute Alternative sind Bengalische Feuer oder das so genannte Theaterfeuer, ein Pulver, das gleißend hell abbrennt. Auf einer feuerfesten Unterlage entzündet, hinterlässt es auch keine Brandspuren.

- An zentraler Stelle (Lagerkreuz, Küchen- oder Versammlungszelt) steht ein Betreuer mit einer möglichst hellen Gas- oder Petroleumlampe. Hierher können sich die Kleinen zurückziehen, die Angst haben.
- Für beide Seiten gilt: Keine Hieb-, Stich- oder gar Schusswaffen, auch keine Schreckschusspistolen oder Attrappen!
- Während des Überfalles sollte zudem das Lagerfeuer sehr hell brennen, um den Platz zu erleuchten. Zur Not eignen sich auch die Scheinwerfer eines geschickt geparkten PKWs.
- "Angreifer" sind von Natur aus aktiv! Wer nur im Wald sitzt und wartet bis er gefunden wird, sollte ignoriert werden.
- Gefangene werden gefesselt oder in einem Zelt gesammelt. Wer einmal gefangen wurde, verhält sich passiv. Ausreißversuche sind bei Kindern äußerst unbeliebt.
- Analog zum Startsignal gibt es ein Signal, das den Überfall beendet. Falls bekannt, besiegelt zusätzlich der Schlachtruf den Sieg der Kinder, bevor sie wieder im Schlafsack verschwinden.
- Ist der Überfall vorbei, werden die "Täter" als Gäste behandelt und benehmen sich selbst auch so! Ab jetzt Hände weg von den Zelten, vom Banner oder sonstigem Lagermaterial. Das Gleiche gilt natürlich auch für die Fahrzeuge der "Angreifer".
- Wenn der Überfall nicht gerade im Desaster endet, ist es natürlich keine Frage, dass die nächtlichen Besucher im Zeltlager übernachten können. Klar, dass sie dabei die Regeln des Lagers beachten.

**Wildbad 2002, Bericht aus der Lagerzeitung:**
*Ungefähr um 21:00 sind wir in den Wald gelaufen. Wir wunderten uns, dass die Fackeln nicht angemacht wurden. Fast alle, außer der mutigen Anja fürchteten sich. Als wir an eine alte Hütte kamen, trommelte es aus dem Wald und im gleichen Augenblick kamen fünf Gestalten mit lautem Geschrei auf uns zu gerannt. Als erstes hatten wir Schiss und klammerten uns an die mutige Anja. Aber ich glaube die hatte doch Angst. Dann wurden die Kinder mutiger und gingen auf die Überfäller los, bis die Angreifer um Gnade flehten. Als dann alles vorüber war, gingen wir heim und dann ins Bett. Und jetzt bin ich müde. Gute Nacht.*

*Gruppe Goofy*

## Lagerfeuerrezepte

Damit es am Lagerfeuer so richtig urgemütlich wird, hier zwei Rezepte:

**Knoblauchbrot**

| | |
|---|---|
| 1 | Baguette oder Stangenweißbrot |
| 1 | Knolle Knoblauch |
| 250 g | weiche Butter |
| je 1 | Bund Petersilie und Schnittlauch |
| | Alufolie |

### Zubereitung:

Den Knoblauch putzen und die Zehen durch die Knoblauchpresse zur Butter geben. Petersilie und Schnittlauch waschen, trocken schütteln und klein schneiden. Alles mit der Butter vermischen. Das Weißbrot schräg bis zum Boden einschneiden, aber nicht durchschneiden (nach dem Grillen sollen die einzelnen Scheiben abgebrochen werden können). Anschließend die Knoblauchbutter in die Einschnitte verteilen und das Brot doppelt in Alufolie einwickeln.

Auf einem Rost über der Glut des Lagerfeuers wird das Brot ca. 15 Minuten gegrillt. Dabei öfters wenden.

**Zeltlager- Crostini**

Aufgeschnittenes Mischbrot
Dünne Tomatenscheiben
Geschälte Knoblauchzehen
Olivenöl, extra vergine
Getrocknetes Basilikum

### Zubereitung:

Die Brotscheiben werden auf einem Rost so lange gerillt, bis sie beidseitig knusprig braun sind. Nun wird eine Knoblauchzehe über die eine Seite des Brotes geraspelt, und die Scheibe mit zwei Tomatenscheiben belegt. Zum Schluss noch einige Tropfen Olivenöl darüber träufeln und mit Basilikum bestreuen, fertig.

# Sonntag

Am siebten Tage sollst du ruh´n... Egal, ob kirchlich orientiert oder nicht, wenn es ums Ausschlafen geht, sind sich alle einig! Und daher trifft der Bibelspruch auch ganz gut die allgemeinen Bedürfnisse nach einer Woche Freizeit unter freiem Himmel. Auch für die Küche stellt das eine Erleichterung da, denn ein ausgedehnter Brunch ist anders als der gewohnte Stress.

## Gottesdienst

Der siebte Tag ist aber nicht nur fürs Ausschlafen bekannt, sondern an diesem Tag feiern viele Christen normalerweise den Sonntagsgottesdienst. Und der sollte in einem "richtigen Lager" ebenfalls nicht fehlen!

Der schönste Rahmen für einen Freizeitgottesdienst ist natürlich der Lagerplatz. Fehlt jedoch die personelle und räumliche Möglichkeit dazu, sollte zumindest der Besuch des Gottesdienstes in der Nachbargemeinde angeboten werden. Je nachdem, wie viele Teilnehmer dieses Angebot annehmen, ist es sinnvoll, den Pfarrer bzw. Pastor zu informieren. Der wird dann auch gerne gezielt auf die neuen Besucher eingehen, was bei Kindern immer gut ankommt.

## Elternbesuchstag

Besuche der Eltern sind generell bedenklich und darum in den meisten Zeltlagern auch unerwünscht! Zum einen können sie die Entwicklung der Gruppe empfindlich stören, und zum andern provoziert ein solcher Besuch oft Heimweh bei Kindern, die keinen Besuch bekommen. Ein entsprechend deutlicher Hinweis in einem Elternbrief vor dem Lager ist daher sehr hilfreich.

Anders sieht es jedoch aus, wenn es sich bei der Lagergemeinschaft um eine gefestigte Gruppe handelt, die sich während des Jahres in regelmäßigen Gruppenstunden trifft. Dann bietet sich ein organisierter Elternbesuchstag als Kompromiss an.

Bereits am Vortag kündigt sich dieses Großereignis durch erhöhte Putzaktivitäten an. Überall auf dem Lagerplatz wird "klar Schiff" gemacht. Die Zelte werden ausgefegt und die Gemeinschaftsunterkünfte picobello aufgeräumt. Schließlich will sich keiner blamieren.

Um eine reibungslose Anfahrt zu gewährleisten, werden für die ortsunkundigen Eltern entsprechende Hinweisschilder auf den umliegenden Zufahrtsstraßen aufgestellt.

Was nun noch fehlt, ist ein repräsentatives Programm, das den Eltern und Verwandten das Lagerleben bildhaft veranschaulicht.

### Nachfolgend einige Vorschläge:
- ▷ Gemeinsamer Gottesdienst.
- ▷ Geeignetes Mittagessen für alle Besucher, z.B. Hamburger oder Grillwürste, da normalerweise nicht genug Geschirr vorhanden ist.
- ▷ Gemeinsame Spiele mit den Eltern.
- ▷ Kleine Ausstellung mit den bisher gebastelten Exponaten.
- ▷ Vorführung eines Theaterstücks.
- ▷ Endspiel eines Sportturniers.
- ▷ Einlagespiel: Eltern gegen Kinder oder Betreuer.
- ▷ Organisierte Führungen über den Lagerplatz.
- ▷ Einrichtung eines Lagercafés
- ▷ Alternativprogramm für die Teilnehmer, die keinen Besuch bekommen haben.

# 44-Punkte Spiel

Dieses Spiel hat sich in zahlreichen Zeltlagern bestens bewährt und eignet sich für draußen wie drinnen. Es führt innerhalb kurzer Zeit zu einem ziemlichen Tohuwabohu. Die Anzahl der Aufgaben ist nicht auf 44 begrenzt und kann daher problemlos vergrößert werden. Dann dauert das Spiel eben etwas länger. Zum Austoben ideal!

**Material**: Spielbrett mit einem Parcours von 44 Feldern.
Pro Gruppe eine Figur zum Fahren o.Ä. und ein Würfel.
44 Kartons der Größe A5

**Vorbereitung**: Die Kartons werden auf der einen Seite gut lesbar von 1 bis 44 durchnummeriert. Auf die Rückseite wird die Aufgabe geschrieben, die der jeweiligen Zahl zugeordnet ist. Anschließend werden die Kartons auf einem klar abgegrenzten Bereich des Zeltplatzes so verteilt, dass die Zahl zu sehen ist.

**Spielverlauf**: Zuerst werden die Teilnehmer in Gruppen zu 6 bis 8 Personen aufgeteilt. Jede Gruppe erhält einen Betreuer als Schiedsrichter zugelost.

Vor dem Spielleiter liegt das Spielbrett. Alle Figuren stehen vor dem ersten Feld. Auf Kommando würfeln die Gruppen unter Aufsicht ihres Betreuers eine Zahl und fahren anschließend entsprechend der gewürfelten Augen auf dem Parcours des Spielbrettes.

Nun laufen sie los und suchen den Karton mit ihrer Zahl. Haben sie diesen gefunden, müssen sie die Aufgabe lesen und unter Aufsicht des jeweiligen Betreuers erfüllen. Dann würfeln sie die nächste Zahl usw.

Gewonnen hat die Mannschaft, die zuerst die Aufgabe Nr. 44 gelöst hat.

### 44 Aufgaben:
1. Wie viele Sponsoren stehen auf der Rückseite des Lager-T-Shirts?
2. Wer hat die größten Füße im Lager?
3. Wie alt sind alle Betreuer zusammen?
4. Schreibt einen 4-Zeiler über das Lager.
5. Putzt euch die Zähne.
6. Wechselt die Unterwäsche.
7. Entsorgt 5 Abfallgegenstände.
8. Was ist auf den Schürzen des Küchenteams zu sehen?

9. Zählt die Wimpel im Essensraum.
10. Eine Runde aussetzen.
11. Singt ein Lied (außer "Alle meine Entchen").
12. Macht eure Betten / Schlafsäcke.
13. Wie viele Männer gibt es im Zeltlager?
14. Zurück auf Feld 7.
15. Rückt ein Feld vor.
16. Schneidet eine Grimasse.
17. Erzählt einen Witz.
18. Bringt euren Schiri zum Lachen.
19. Zählt die Nägel am Esssäckchenständer.
20. Was ergiebt $13 + 14 - 5$?
21. Rückt zwei Felder vor.
22. Zählt alle Mottofiguren des Lagers auf.
23. Wie alt sind Betreuer und Lagerleitung zusammen?
24. Was ist unser Chefkoch von Beruf?
25. Wie lauten die Kennzeichen der Autos auf dem Parkplatz?
26. Welche Betreuer waren im letzten Jahr schon dabei?
27. Ordnet eure Vornamen in alphabetischer Reihenfolge.
28. Baut eine Sandfigur im Beach-Volleyballfeld.
29. Singt den Schlachtruf.
30. Würfelt und geht die gewürfelte Zahl zurück.
31. Jongliert 10-mal mit dem Tischtennisball.
32. Verleidet eine Person möglichst phantasievoll.
33. Geht 4 zurück.
34. Lauft einmal um das Fußballfeld.
35. Ein Kamel braucht für 5 km zwei Tage. Wie lange brauchen 5 Kamele?
36. Bringt fünf verschiedene Blätter von Laubbäumen.
37. Wie heißt "Keule" mit Vornamen?
38. Rückt vor auf Feld 43!
39. Wie viele Bäume stehen auf dem Zeltplatz?
40. Wer von den Betreuern trägt eine Zahnspange?
41. Lobt euren Schiedsrichter.
42. Zeichnet eure Mottofigur.
43. Geht 4 Felder zurück.
44. FREUDENTANZ inkl. JUBELGESCHREI um das Lagerfeuer!!!

Interessante Literatur zum Thema Geländespiele und Spiele für draußen finden sich im Anhang.

## Zwischenabrechnung

Nach einer Woche ist es an der Zeit, sich einen Überblick über die Finanzen zu verschaffen. Vor allem in der Küche ist dies äußerst wichtig, da hier sehr viele unterschiedliche Kosten entstehen und nach einer Woche 60 bis 80 Quittungen keine Seltenheit sind. So mancher wird erschreckt feststellen, dass deutlich mehr als die Hälfte des Budgets aufgebraucht ist. Ein Blick in die Vorratskisten zeigt aber schnell, dass es keinen Grund gibt, sich Sorgen zu machen. Hier lagern normalerweise noch reichlich haltbare Produkte wie Nudeln und Reis sowie Brotaufstriche und Getränke fürs Frühstück.

Wem jedoch gähnende Leere entgegenblickt, der sollte sich schleunigst Gedanken machen, wie er den Engpass überwindet. Rezepte wie Spaghetti mit Tomatensoße, Schinkennudeln oder Reisbrei bieten sich dann an.

## Diagnose: Insektenstich

Sie gehören zur Ferienfreizeit wie das Lagerfeuer und der Küchendienst: Bremsen, Schnaken, Bienen, Wespen und Hummeln. Vor allem da, wo Getränke und Süßigkeiten herumstehen oder –liegen, tauchen sie auf, die berühmten Quälgeister.

Für die meisten Kinder sind sie harmlos, und der Schreck des Stiches ist das Schlimmste. Gefährlich kann es allerdings werden, wenn der Stich im Mund oder Rachenraum erfolgt oder das Kind allergisch reagiert.

**Vorbeugung**:
▷ Betreuer müssen informiert sein (☞ Gesundheitsfragebogen, Zeltlager und Jugendfreizeiten 1, S. 60 und 61), ob sich in ihrer Gruppe ein Allergiker befindet, um im Falle eines Stiches schnell reagieren zu können.
▷ Flaschen oder Gläser nicht offen herumstehen lassen.
▷ Auf die Benutzung von Getränkedosen sollte generell verzichtet werden, denn darin sind z.B. Wespen unmöglich zu erkennen.
▷ Benutzte Tassen und Gläser sofort ausspülen.
▷ Erhöhte Aufmerksamkeit beim Essen im Freien, vor allem bei Eis und Süßigkeiten.

**Ist es doch passiert**:
- Ruhe bewahren und Ruhe ausstrahlen. Das Kind in den Arm nehmen und trösten. Persönliches Kuscheltier holen.
- Einstichstelle kühlen. Ist kein Eis verfügbar, reicht z.B. eine Getränkeflasche aus dem Kühlschrank. Aber bitte kein Eisspray!
- Hilfreich sind auch Hausmittel wie ein mit Essig getränktes Tuch oder der Saft einer Zwiebel.
- Bei einem Stich in Mund und Rachen unbedingt Ruhe bewahren, und dem Kind Eis oder etwas anderes Kaltes zum Lutschen geben. Kalte Umschläge um Hals und Nacken. Ständig Atmung, Kreislauf und Bewusstsein kontrollieren. Umgehend den Notarzt informieren!!
- Hinweise auf allergische Reaktionen sind die schnelle Zunahme der Rötung und Schwellung. Im weiteren Verlauf kann es zur Schocksymptomatik kommen, die sich durch Unruhe, Übelkeit, Erbrechen, Schwindelgefühl, Atemnot, Angstzustände und Benommenheit äußert. Auch in diesem Fall muss umgehend der Notarzt informiert werden!!

# Lagerpizza:

Das ideale Rezept für Sonntagabend! Alle Zutaten sind haltbar, müssen nur bedingt gekühlt werden, und die Pizzas sind schnell zubereitet. Das Lagerfeuer sollte aber rechtzeitig angezündet werden, damit reichlich Glut vorhanden ist.

**Zutaten**: Brotscheiben, Salami, Käse (Gouda, Emmentaler oder Schmelzkäse) Tomaten, Zwiebeln, Pizzagewürz und Alufolie.

**Zubereitung**: Alle Zutaten in Scheiben schneiden. Je nach Geschmack werden nun die verschiedenen Lebensmittel zwischen zwei Brotscheiben geschichtet und mit dem Pizzagewürz abgeschmeckt. Alles in Alufolie einwickeln und in die Glut legen. Mehrmals wenden, und nach wenigen Minuten ist die "Pizza" fertig.

☺ Wohl jeder, der schon einmal Zwiebeln geschnitten hat, musste dabei weinen. Es gibt zwar viele Geheimtipps, aber mal ehrlich, helfen die wirklich? Dabei ist die Lösung doch so einfach: Es muss nur jemand diese Arbeit übernehmen, der Kontaktlinsen trägt! Durch die Linsen werden die Augen geschützt und der Tränenfluss verhindert. Zur Not geht aber auch eine Taucherbrille. Die sieht dazu auch noch viel lustiger aus!

# Montag

Früh morgens, es ist noch nicht mal 6:00, und in der Küche herrscht bereits munteres Treiben. Es wird Kakao gekocht, das komplette Frühstück vorbereitet und außerdem noch verschiedene Kartons mit Lebensmittel gefüllt. Zum Schluss wird alles übersichtlich an der Essensausgabe aufgebaut, bevor das Küchenteam wieder in den Schlafsäcken verschwindet.

Der Nicht-Pfadfinder wundert sich vermutlich über dieses seltsame Verhalten, die Pfadfinder wissen jedoch genau, was kommt: es ist HIKE!

## HIKE-DAY, was das?
Der HIKE-DAY ist sowohl für die Leiter als auch für die Teilnehmer immer ein ganz besonderer Tag! Bereits am Morgen werden die Kinder nicht wie sonst geweckt, sondern stellen nach dem Aufstehen durch ausgehängte Zettel fest: Heute ist HIKE-DAY!

Ein Tag "ganz ohne Leiter"! Ein zentral positioniertes Plakat zeigt, welche Kinder in welche Gruppen eingeteilt sind. Wichtig ist, darauf zu achten, dass in jeder Gruppe genügend ältere, erfahrene und verantwortungsbewusste Kinder sind, die auf die kleineren acht geben. Auf dem Lagerplatz verteilt stehen für jede Gruppe eine Kiste mit Vesper, Aufgabenzettel, Tagesziel, Notfallnummer und etwas Geld.

Die Kinder sollen nun eigenverantwortlich zu ihrem jeweiligen Tagesziel aufbrechen und dort ihre Aufgaben lösen. Eine besonders wichtige und dabei lustige Aufgabe ist, eine Familie zu finden, die für die ganze Truppe die mitgegebenen Spaghetti zum Mittagessen zubereitet.

Zu einer festgesetzten Uhrzeit müssen die Gruppen dann alle wieder auf dem Lagerplatz sein. Erfahrungsgemäß macht es den Kindern sehr viel Spaß, einmal einen Tag auf sich gestellt zu sein bzw. ihn selbstständig zu verbringen. Im Übrigen sind auch die meisten Leiter sehr froh über diesen wohl verdienten Ruhetag.

☺ Einen solchen HIKE-DAY sollten nur erfahrene Betreuer mit genauso erfahrenen Teilnehmern durchführen. Außerdem müssen die Eltern im Vorfeld unbedingt über diese Aktion informiert und deren Zustimmung eingeholt werden.

## Tagesausflug

Die Organisation eines solchen Großereignisses beginnt lange vor der Ferienfreizeit. Wo geht es hin, kann die Aktion finanziert werden, wer fährt? Viele Fragen und Probleme, aber für alles gibt es eine Lösung.

Bereits bei der Ausschreibung der An- bzw. Rückreise mit dem Bus besteht z.B. die erste Möglichkeit zum Sparen. Wer ein Busunternehmen aus dem Zielgebiet beauftragt, kann einen Kombinationspreis heraushandeln.

Auch wenn diese Verknüpfung nicht möglich ist, muss rechtzeitig vor Ort angefragt werden, damit am Ausflugstag nicht alle Busse belegt sind. Weiterhin sind die Busunternehmen aus der Zielregion gute Ratgeber für geeignete Ausflugsziele.

Das Ausflugsziel spielt bei den Kindern eine wichtige Rolle. Stundenlanges Busfahren mit einem naturkundlichen Museum als Ziel entspricht sicherlich nicht dem allgemeinen Interesse. Attraktive Ziele sind viel eher ein Erlebnisbad, ein Freizeitpark, eine Sommerrodelbahn oder sogar eine Schokoladenfabrik. Da stimmt sowohl die Vorfreude als auch die Zufriedenheit hinterher.

Eine weitere wichtige Rolle spielt die Verpflegung. Anstatt die Brote morgens zu belegen und den Kindern in den Rucksack zu stecken (wo sie nicht nur zerdrückt, sondern auch noch warm werden), ist es besser, Brot, Käse oder Dauerwurst im Thermobehälter oder einem großen Kochtopf zu transportieren. Das Gleiche gilt natürlich auch für gekochte Eier, Tomaten und Salatgurken. Ein großer Vorrat an Tee darf ebenfalls nicht fehlen. Um für die Fahrt gerüstet zu sein, sollten sich die Kinder rechtzeitig ihre Feldflaschen füllen.

An einer geeigneten Stelle im Wald oder auf einem abgelegenen Parkplatz findet dann ein Picknick im Grünen statt. Hier werden die Lebensmittel portionsweise aufgeschnitten und an die Kinder verteilt.

Ein ideales Rezept für den Abschluss eines Tagesausflugs ist Chili con Carne. Deshalb ideal, da dieser "Eintopf" bereits einen Tag zuvor zubereitet werden kann und somit das Küchenteam die Möglichkeit hat mitzufahren. Nach der Rückkehr auf den Platz wird das Chili einfach aufgewärmt (aufgewärmt schmeckt es sowieso am besten), und fertig ist eine absolut leckere Mahlzeit.

## Sarahs Chili con Carne für 80 Kinder

5 kg Rindergulasch (gut abgehangen und sehr klein gewürfelt)
1,2 kg Speck
3,5 kg Paprika (rot, gelb, grün)
1,2 kg Mais aus der Dose
5 Tuben Tomatenmark
5 Stangen Lauch
1 Flasche Rotwein (Bordeaux)
6 Pck. Chili con Carne Gewürz
4 Pck. Grillwürzer o.Ä.
5 kg Zwiebeln
3 kg Kidneybohnen
(keine Chilibohnen!!!)
5 kg geschälte Tomaten
2 Knollen Knoblauch
2 l Bratensaft (Tube oder Pulver)
10 l Instant-Gemüsebrühe
2 Pck. Aromat o.Ä.
4 EL Paprika, edelsüß

**Zubereitung**: Die Paprikaschoten waschen, Stielansätze, Kerne und Rippen entfernen und klein würfeln. Den Lauch putzen (welke Blätter und Wurzeln entfernen), längs halbieren, unter fließendem Wasser waschen und in feine Streifen schneiden. Die Zwiebeln und den Knoblauch putzen und fein würfeln. Beim Speck den Knorpel und die Schwarte wegschneiden und ebenfalls klein würfeln.

Öl im Bräter erhitzen, die Zwiebeln samt Knoblauch in mehreren Etappen glasig dünsten (nicht braun werden lassen) und in einen großen Topf füllen. Nun einen Teil des Specks in den Bräter geben und anbraten. Einen Teil des Fleisches dazugeben und bei starker Hitze anbraten.

Falls sich nun Schaum in der Pfanne bildet, war entweder die Hitze nicht groß genug, es wurde zuviel Fleisch in die Pfanne gegeben, oder das Fleisch war nicht gut abgehangen. Das ist aber nicht schlimm! Einfach so lange weiterbraten, bis der Schaum verschwunden ist. Anschließend Tomatenmark zum Fleisch geben und bei mittlerer Hitze ca. 2 Minuten anschwitzen. Mit einem Teil der Brühe ablöschen und in den Topf zu den Zwiebeln füllen. Dann folgt die nächste Portion Fleisch, bis alles angebraten ist.

Erneut Öl im Bräter erhitzen, und die Paprikawürfel ca. 5 Minuten andünsten. Den Lauch zugeben und weitere 2 Minuten dünsten. Mit der restliche Brühe ablöschen und zum Fleisch geben. Die geschälten Tomaten in der Büchse mit einer Gabel zerkleinern. Mit dem Wein, dem Bratensaft und den Gewürzen ebenfalls in den Topf füllen. Alles ca. 45 Minuten bei mittlerer Hitze und geschlossenem Deckel köcheln lassen. Öfters umrühren, sonst brennt es an.

Die Kidneybohnen aus der Dose in einen Seiher füllen und mit kaltem Wasser abbrausen. Den Mais abschütten, und beides zum Chili geben. Mit Soßenbinder eindicken, und bei Bedarf nochmals nachwürzen. Aber Achtung, Kinder mögen es nicht so scharf! Es ist besser, bei der Ausgabe eine Flasche Tabasco oder getrocknetes Chili für die "Mexikaner" unter den Kindern bereitzuhalten.

## „Wolfgang mit der Kettensäge"

*Schönwald 2003. Wie in den meisten Zeltlagern üblich, erzählten auch hier die älteren Mädchen den Kleinen, bei den Pfadfindern Wichteln genannt, abends am Lagerfeuer Gruselgeschichten. Sehr schnell zeigte sich, dass die Mädels mit Ihren Geschichten Erfolg hatten und die Wichtel ziemliche Angst bekamen. Durch diesen Umstand angestachelt, gingen sie nun einen Schritt weiter und erfanden folgende Geschichte:*

*Vor vielen Jahren in einem Ministrantenzeltlager verschwanden unter mysteriösen Umständen immer wieder kleine Jungs. Trotz intensiver Suche gelang es den Leitern nicht, sie aufzufinden. Erst Wochen nach dem Lager wurden sie von dem Hund eines Jägers entdeckt. Sie waren fürchterlich zugerichtet und im Unterholz neben dem Zeltplatz versteckt. Kriminaltechnische Untersuchungen zeigten, dass sie alle mit einer Kettensäge ermordet wurden. Genau so eine, wie sie der Chefkoch Wolfgang in der Küche zum zerkleinern des Feuerholzes benutzte. So sehr sich die Polizei auch anstrengte, sie konnten ihm aber nichts nachweisen.*

*Bei besagtem Wolfgang handelte es sich natürlich um den Koch des aktuellen Zeltlagers. Um die Geschichte der Pfadfinderinnen zu untermauern, musste er den Wichteln bestätigen, dass er tatsächlich schon im Ministrantenzeltlager gekocht hatte.*

Und wahrhaftig, es gab doch wirklich ein paar Wichtel, die diese Gruselstory glaubten. Aber keine Angst, bevor diese Situation ausartete, wurde die Sache, auch im Interesse des Kochs schnell wieder aufgeklärt.

Das Beste kam dann allerdings wenige Tage später - beim Aldi an der Kasse.

Als er bezahlen wollte – es waren nur ein paar Kleinigkeiten fürs Mittagessen – stand im Display plötzlich ein Betrag von sage und schreibe 259,96 Euro!!!!!!

Ihm rutschte ein „Häääää, das bezahl ich aber nicht" heraus und die Kassiererin lief rot an und meinte „da kann wohl was nicht stimmen". Nach einem kurzen Blick auf den Kassenbon war der Fehler schnell gefunden und Wolfgang begann herzhaft zu lachen. Durch einen Zahlendreher beim Eintippen vom Gemüse wurden ihm folgende Artikel in Rechnung gestellt: 4 Elektro- Kettensägen

## Turniere und Wettkämpfe

Volleyball, Völkerball, Fußball, Tischtennis, kaum eine Sportart, die nicht in irgendeiner Form für ein Turnier im Ferienlager geeignet ist. Kinder mögen diese Art des Kräftemessens. Anders als die Erwachsenen sehen sie den sportlichen Wettkampf mehr von der spielerischen Seite.

Jede Gruppe hat normalerweise mindestens eine Sportskanone in ihren Reihen, so dass in den meisten Fällen Chancengleichheit gegeben ist. Außerdem werden die weniger Guten schon mal akzeptiert. Sind sie es doch, die an anderer Stelle, z.B. bei Wissensfragen oder Geschicklichkeitsspielen, die Punkte holen. Und wenn doch mal eine ungünstige Gruppeneinteilung Probleme bereitet, dann werden die Gruppen einfach aufgelöst und per Los neu zusammengestellt.

Eine Sonderrolle nehmen lediglich die Jüngsten ein. Sie sind gerade bei körperlich betonten Sportarten wie Fußball und Handball benachteiligt. Sofern umsetzbar, sollten sie daher nach einem anderen Punktesystem bewertet werden oder einen Bonus erhalten.

Nach welchem System (jeder gegen jeden, K.O.-System o.Ä.) gespielt wird, ist nicht so wichtig. Hauptsache es gibt am Schluss ein Endspiel, und jeder Beteiligte erhält hinterher seine Urkunde. Schließlich haben alle gewonnen! Lediglich die Farbe der Urkunde dokumentiert die Platzierung.

**Und so kommt Farbe ins Spiel**:
▷ Grundsätzlich sollten sich die Mannschaften phantasievoll kostümieren und unter originellem Namen antreten. "Kriegsbemalung" kommt auch gut an.
▷ Zur akustischen Abschreckung des Gegners kann ein möglichst furchterregend klingender Schlachtruf einstudiert werden.
▷ Mehrere Personen übernehmen die Rolle der Sanitäter. Ausgerüstet mit einem roten Kreutz auf der Mütze, kühlen Getränken und einer Trage stürmen sie im passenden Moment (sobald jemand umfällt) das Spielfeld, um dem Gestrauchelten möglichst humorvoll neue Lebenskraft zu verleihen.

*Die "Sanitäter"*

▷ Vor dem Endspiel treten die Betreuer gegen die Küche an. Show und Spaß stehen in diesem Einlagespiel natürlich an erster Stelle! An phantasievollen Kostümen und reichlich Schminke sollte daher nicht gespart werden.
▷ Vor allem an heißen Tagen sorgt die Küche durch reichliche Getränke für Erfrischung. Ein kleiner Snack zwischendurch ist ebenfalls sehr sinnvoll.

## Diagnose: Hitzeerschöpfung

Wenn Kinder toben oder während der Wettkämpfe ihre Kräfte messen, sind hochrote Köpfe an der Tagesordnung. Gerade an heißen Hochsommertagen kann körperliche Anstrengung durchaus problematisch werden.

Durch die Bewegung bei hohen Temperaturen verliert der Körper beim Schwitzen große Mengen an Flüssigkeit und Mineralien. Wird dieser Mangel nicht rechtzeitig behoben, kann es zu extremen Kreislaufbelastungen kommen.

**Vorbeugung**: Schon vor Beginn des Turniers sollten die Kinder reichlich trinken, damit sie von Anfang an über ausreichende Reserven verfügen. Ein hilfreicher Trick: Wenn Kinder ihr Lieblingsgetränk wie z.B. Apfelsaftschorle serviert bekommen, trinken sie automatisch mehr. Während des Turniers und in den Spielpausen ist es die Aufgabe der Betreuer, dafür zu sorgen, dass die Kinder sich im Schatten aufhalten und ausreichend Flüssigkeit zu sich nehmen. An heißen Tagen ist es besser, in der Mittagszeit eine längere Pause einzuschieben, das Turnier in die Abendstunden zu verlegen oder ganz darauf zu verzichten.

**Erkennen**: Personen mit Hitzeerschöpfung sind meist nass geschwitzt (kalter Schweiß). Sie frieren, sind kreidebleich und haben einen sehr schnellen Puls. Außerdem klagen sie über Kopfschmerzen und Desorientierung.

**Behandlung**: Das betroffene Kind sollte möglichst an einen schattigen Ort gebracht, hingelegt und bei Bedarf zugedeckt werden. Gesalzenes Wasser (1 EL Salz pro Liter) oder Elektrolyt-Getränke verabreichen. Ärztliche Hilfe ist nach 15 bis 30 Minuten nötig, falls keine Besserung eintritt. Körperliche Anstrengung – am gleichen und am folgenden Tag – ist natürlich passé.

## Risiko durch Ozon

Leider kommt es in den letzten Jahren immer häufiger zu erhöhten Ozonwerten. Auch wenn eine akute gesundheitliche Gefährdung normalerweise nicht zu erwarten ist, sollte auf allzu große Belastung in ozonbelasteter Luft verzichtet werden.

Augenbrennen und -tränen, Halskratzen, Husten, Brustschmerzen, Übelkeit und Kopfschmerzen können die Folge sein, wenn die Warnungen ignoriert werden. Es ist daher besser, körperliche Aktivitäten an solchen Tagen in die Morgen- und Abendstunden zu verlegen.

**Achtung**: Besonders gefährdet bei hohen Ozonwerten sind Kinder mit Asthma! Sportliche Anstrengung ist für sie bei normalem Wetter zwar kein Problem, bei erhöhter Ozonbelastung jedoch ist erhöhte Vorsicht angesagt.

## Waschtag?!

Zeltlager bedeutet nicht nur Stress für die Betreuer, sondern auch für das Material. Vor allem in einer Freizeitküche, in der Kinder mitarbeiten, ist der Verschleiß an Handtüchern und Spüllappen extrem groß. Schmutzige Handtücher sind nicht nur unappetitlich, sondern auch ein idealer Nährboden für Krankheitserreger.

Daher sollte das Wochenende für eine Waschaktion genutzt werden. In einem großen Topf wird Wasser erhitzt und die verschmutzten Handtücher, Spüllappen und Schürzen mit wenig Waschmittel (2 bis 3 Esslöffel) ca. 20 bis 30 Minuten gekocht. Anschließend werden sie unter fließendem Wasser gut ausgespült und zum Trocknen an die Leine gehängt.

# Dienstag

*Schönwald 2003: Nach dem Wecken trafen wir uns am Lagerkreuz und machten Frühgy und Morgi. Gleich darauf gab es ein leckeres Frühstück, bei dem uns verkündet wurde, dass wir ins Schwimmbad durften, jipieh!*

*Als wir im Schwimmbad ankamen, badeten und duschten wir und um die Mittagszeit kam das Küchenteam und brachte uns das Essen. Es gab Wienerle mit Brötchen, mmmmh! Dann blieben wir noch ein Weilchen, spielten und sonnten uns, bis es plötzlich anfing zu regnen. Eilig liefen wir zum Zeltplatz zurück und hatten dann Freizeit bis zum Abendessen. Es gab Pfannkuchen in fünf verschiedenen Sorten: Spinat, Käse und Schinken, Marmelade und Nutella. Es schmeckt allen super!*

*Später machten wir noch ein paar lustige Spiele und wollten uns gerade ans Lagerfeuer setzen, als es wieder anfing zu regnen. Da wir alle ziemlich müde waren, krochen wir schnell in unsere Schlafsäcke.*     *Die Pfadis*

## Schwimmbadbesuch

Nachdem bisher vor allem die Künstler und Sportskanonen auf ihre Kosten kamen, sind nun endlich die Badenixen und Wasserratten an der Reihe. Es ist Badetag – im wahrsten Sinne des Wortes! Denn neben dem Spaß, den jedes Kind im Schwimmbad hat, werden die Teilnehmer endlich wieder mal richtig sauber!

Neben den üblichen Badeutensilien gehören deshalb zusätzlich noch Duschgel und frische Unterwäsche in den Rucksack. Aber bitte: zuerst duschen und dann ins Schwimmbecken, nicht umgekehrt!

Sofern das Schwimmbad nicht allzu weit vom Lagerplatz/Haus entfernt ist (max. 4 km), sollte zumindest die Strecke zum Schwimmbad gelaufen werden. Ist es aber weiter weg, empfiehlt sich auch für den Hinweg ein Bus. Der Rückweg aber sollte, sofern möglich, gefahren werden, da die Kinder nach einem Schwimmbadbesuch ziemlich kaputt sind.

Sehr reizvoll ist auch der Besuch eines Erlebnisbades. Sofern sich ein solcher Badetempel in der Umgebung befindet und die finanzielle Situation dies erlaubt (neben den hohen Eintrittspreisen muss dafür zusätzlich ein Bus gebucht werden), sollte diese Chance auf jeden Fall genutzt werden.

Egal ob Freibad oder Schwimmbad in der Halle, das Mittagessen wird gebracht! Leicht nachzuvollziehen, dass es sich dabei nicht um ein 3-Gänge-Menü handeln kann, aber ein ordentliches Vesper oder Würstchen mit Brot/Brötchen und Obst zum Nachtisch sollte schon drin sein. Natürlich darf der Topf mit dem obligatorischen Tee nicht fehlen.

Wichtig ist, dass für diese Mahlzeit weder Besteck noch Geschirr nötig ist, denn dies müsste mitgenommen und auch wieder gespült werden. Außerdem sollte kein Müll entstehen.

☺   Hin und wieder kommt es vor, dass sich ein fremdes Kind in die Warteschlange verirrt. Einfach so tun, als ob nichts wäre und auch dieses "Raubtier" füttern. Darüber freuen sich das Kind und seine Eltern! Und positiv auffallen ist doch immer eine schöne Sache!

## **Baderegeln**

Für die Sicherheit und die Einhaltung der ortsüblichen Baderegeln sorgen die Bademeister oder die DLRG. Zusätzlich gibt es aber noch ein paar Punkte, um die sich die Betreuer selbst kümmern sollten:

▷   Es ist nicht gleichgültig, ob die Wassertemperatur 14° oder 19° beträgt. Je kälter das Wasser ist, umso langsamer sollten sich die Kinder an den Aufenthalt im Wasser gewöhnen. Eventuell ist eine Wasserschlacht am Strand hilfreich.

▷   Nicht unmittelbar nach dem Essen ins Wasser gehen! Auch beim Baden ist eine Mittagspause nötig.

▷ Nicht erhitzt ins Wasser gehen. Erst abkühlen, dann schwimmen!
▷ Wenn die Kinder frieren, sofort raus aus dem Wasser. Nach dem Baden gut abtrocknen und etwas Trockenes anziehen.
▷ Nie bei Gewitter ins Wasser gehen.
▷ Schwimmen und Baden an der Küste ist mit besonderen Gefahren verbunden. Daher unbedingt Rücksprache mit Ortskundigen halten.

☺ Sofern sich nicht schon längst eine gute Gelegenheit gefunden hat, ist im Schwimmbad die nötige Ruhe, um die Teilnehmerlisten zu vervollständigen.

## Sommer, Sonne – Risiko!

Auch wenn es uns die Werbung und unser Schönheitsideal so vorgaukeln möchte, eine gesunde Bräune gibt es nicht. Die begehrte Hautfarbe ist eine natürliche Abwehrreaktion unseres Körpers gegen schädliche Strahlung. Daher sollte eigentlich gelten: so wenig Sonne wie möglich!

Schwer vereinbar mit einem Ferienlager, so scheint es. Aber ganz im Gegenteil! Niemand möchte die Kinder in den Schatten verbannen. Wichtig ist allerdings der bewusste Umgang mit diesem großen, gelben Wäschetrockner.

Vor allem in der Mittagshitze (11:00 bis 15:00) sollte auf Aktionen in der Sonne verzichtet oder diese zumindest auf ein Minimum reduziert werden. Auch wenn Kinder in der prallen Sonne die Mahlzeiten zu sich nehmen müssen, essen sie weit weniger als normal. Also ist auch hier reichlich Schatten nötig. Weiterhin bieten sich an heißen Tagen leichte Sommersalate und viel Obst an. Die warmen Gerichte gibt's zum Abendessen.

**Sonnenkleidung**: Kinder sollten nicht ohne Kleidung für längere Zeit in die Sonne gehen. Ein T-Shirt aus Baumwolle hält einen Teil der schädlichen UV-Strahlung zwar ab, garantiert aber keinen dauerhaften Schutz. Auch gibt es mittlerweile spezielle Textilien mit eingebautem UV-Schutz, aber wer hat die schon in einem Ferienlager? Am besten schützen weite, dunkle Kleidungsstücke und eine Kopfbedeckung!

**Sonnenbrille**: Sie sind nicht nur ein modisches Accessoire, sondern durchaus hilfreich. Gerade Kinderaugen können sich weniger vor UV-Strahlen schützen, als die Augen von Erwachsenen. Eine gute Brille ist daher auch im Ferienlager nötig, da sich die Kinder verhältnismäßig oft im Freien aufhalten. Indiz für die Qualität der Sonnenbrille ist neben der Tönung auch der Schutz gegen UV-Strahlen. Ein Aufkleber "UV A, UV B oder UV 400" dokumentiert diese Tauglichkeit. Eine so gekennzeichnete Brille garantiert einen Basisschutz gegen die schädliche Strahlung.

**Sonnencreme**: Vor allem empfindliche Kinderhaut sollte durch Eincremen geschützt werden. Am besten geeignet sind Sonnencremes, die einen physikalischen Lichtschutzfilter haben. Sie arbeiten mit winzigen mineralischen Elementen, die als Sonnenschild fungieren und die Strahlen reflektieren. Cremes mit chemischen Lichtschutzfiltern sind weniger geeignet und müssen mindestens eine halbe Stunde vor dem Sonnenbad aufgetragen werden, was im Ferienlager oft nicht einfach ist.

Weiterhin sollte Folgendes beachtet werden:
▷ Sonnencremes nicht in der Sonne lagern. Die Hitze mindert die Wirkung.
▷ Lichtschutzfaktor 20 reicht! Höhere Faktoren schützen nur unwesentlich länger, kosten aber deutlich mehr.
▷ Viel hilft viel. Wer an der Creme spart, bereut dies später.
▷ Auch wasserfeste Cremes werden beim Baden zum Teil abgewaschen. Nach dem Schwimmen muss der Sonnenschutz erneuert werden.
▷ Kinder mit sehr heller Haut sind besonders gefährdet. Hier ist erhöhte Aufmerksamkeit angebracht.
▷ Achtung bei allergischen Kindern. Auch Sonnencremes können die Ursache für Allergien sein. Bei solchen Kindern nur getestete Cremes verwenden.
▷ Besondere Aufmerksamkeit benötigen aber auch manche Betreuer! Denn entgegen besserem Wissen siegt bei ihnen schon mal die Eitelkeit, und sie brutzeln länger als es ihnen gut tut. Sehr ärgerlich, wenn sie anschließend wegen Sonnenbrand ausfallen!

## Diagnose: Hitzeschäden

Wenn die ganze Rasselbande endlich im Schwimmbad angekommen ist, freuen sich die meisten Betreuer auf die wohl verdiente Ruhe und Entspannung. Das ist mehr als verständlich, jedoch dürfen die Kinder nicht aus den Augen verloren werden.

Neben den allgemeinen Verhaltensregeln (regelmäßiges Eincremen, Aufenthalt im Schatten usw.) ist unbedingt darauf zu achten, dass kein Kind in der Sonne einschläft. Selbst ein kleines Schläfchen im Schatten ist nicht ohne. Denn durch die Bewegung der Sonne am Himmel wandert auch der Schatten weiter. Schnell liegt dann das Kind im prallen Sonnenschein. Und das kann schmerzhafte Folgen nach sich ziehen.

**Sonnenbrand**: Ein Sonnenbrand bewirkt Schäden wie eine Verbrennung durch heiße Gegenstände, Flüssigkeiten oder Feuer. Nur wird er erst bemerkt, wenn es längst zu spät ist. Ein Sonnenbrand kündigt sich zuerst durch ein leichtes Spannen der Haut an. Später kommt Rötung, Schmerz und trockene Haut hinzu.

Ein Sonnenbrand kann im Normalfall durch die Betreuer behandelt werden. Kommt es jedoch zur Blasenbildung (Verbrennung zweiten Grades) sollte umgehend ein Arzt aufgesucht werden.

**Behandlung**: Eine Kühlung der betroffenen Hautbereiche mit feuchten Umschlägen lindert die ersten Beschwerden. Sie hat aber keinen direkten Einfluss auf den Gesamtverlauf. Im Wechsel mit den Umschlägen bringt das Auftragen von feuchtigkeitshaltigen Lotionen zusätzliche Linderung.

**Sonnenstich**: ... ist die Steigerung der Hitzeerschöpfung. Hierbei leidet der Betroffene zusätzlich unter Kopfschmerzen, Übelkeit, Schwindel, Nackensteifheit und Erbrechen. In diesem Fall ist neben dem Organismus vor allem das Gehirn überhitzt worden. Manchmal reicht es bereits aus, wenn nur der Kopf über längere Zeit ungeschützt der Sonne ausgesetzt wurde. Meistens hat der Betroffene dann einen hochroten Kopf.

**Behandlung**: Der Betroffene muss umgehend in den Schatten gebracht und hingelegt werden. Der Kopf ist hoch zu lagern und zusätzlich in feuchte, kalte Tücher zu wickeln. Viel Ruhe an einem kühlen, dunklen Ort, leichte Kost und viel Trinken bringen langfristig Besserung. Bekommt der Patient Fieber oder der Zustand bessert sich nicht nach längerer Zeit, ist der Besuch beim Arzt Pflicht!

# Problem: Wettessen

Wenn es besonders gut schmeckt, dann mampfen die Kleinen schon mal die doppelte Menge wie sonst oder essen sogar um die Wette. Gerichte wie Pfannkuchen, Fischstäbchen oder das Abschlussbuffet sind solche Mahlzeiten. Dann siegt schon mal die Unvernunft, und die Kinder stopfen sich so maßlos voll, dass das eine oder andere Brötchen wieder raus möchte.

Es lässt sich stundenlang darüber diskutieren, inwieweit dies moralisch und ethisch vertretbar ist. Solange sich dieser "Wettstreit" aber auf Einzelfälle beschränkt und nicht zum Volkssport ausartet, ist er vermutlich tolerierbar. Es liegt in erster Linie an dem zuständigen Betreuer, rechtzeitig einzuschreiten. Nur er sieht, was sich während des Essens am Tisch entwickelt. Dass es aber nicht immer nur am Essen liegen muss, wenn einem Kind schlecht wird, zeigt folgendes Beispiel:

Nach einem Schwimmbadbesuch bei schönstem Wetter hatte das Küchenteam Pfannkuchen vorbereitet. Im Anschluss an das Essen klagte ein Mädchen über Übelkeit und musste sich schließlich übergeben. Da die Kinder ziemlich viel gegessen hatten, dachte natürlich jeder, die Pfannkuchen seien schuld daran. Das Küchenteam machte sich natürlich Vorwürfe, zuviel Öl verwendet zu haben.

Bei genauerem Nachfragen stellte sich dann aber heraus, dass das Kind im Schwimmbad in der prallen Sonne eingeschlafen war und es sich um einen Sonnenstich handelte!

## Küchentipp: Wurstbräter putzen

Pfannkuchen sind aber auch ein gutes Beispiel für den Stress des Materials. Wer jemals für 50 bis 60 Kinder Pfannkuchen zubereitet hat, der weiß, wie die Küche danach aussieht. Vor allem der Bräter (sofern ein solcher verwendet wurde) wird dabei sehr in Mitleidenschaft gezogen. Der Einsatz ist schwarz vom eingebrannten Fett. Bis dieses Ding wieder sauber ist, heißt es schrubben, schrubben und nochmals schrubben. Eine Plage für den Küchendienst, die nicht sein muss!

**So geht's viel einfacher**: Nach der Zubereitung der Pfannkuchen wird die Metallpfanne zum Teil mit Wasser gefüllt und nochmals aufgekocht, um die gröbste Verschmutzung zu lösen. Danach folgt eine Flasche Essig und nochmals so viel Wasser, bis der Brätereinsatz restlos voll ist. Nun arbeitet die Zeit, und alles geht von alleine. Spätestens am nächsten Morgen glänzt die Pfanne wieder!

## Großwetterlage

Am Dienstag, ein paar Tage vor dem Ende der Freizeit, ist es durchaus schon angebracht, einmal den Wetterbericht etwas genauer zu verfolgen. Ist über einen längeren Zeitraum konstant schönes Wetter angesagt oder kündigt sich eine Schlechtwetterfront an?

Wer einen solchen Trend erkennt, ist vorbereitet und kann rechtzeitig mit dem Abbau von Lagerbauten, Großzelten oder Ähnlichem beginnen. Dann ist der Stress am Abreisetag etwas kleiner.

# Mittwoch

Spätestens am heutigen Tag beginnt der wehmütige Blick hin zum absehbaren Ende des Lagers. Während manche vermutlich heilfroh sind, dass die anstrengenden Tage zu Ende gehen, sind andere eher traurig, denn es war und ist doch eine schöne Zeit mit den Kindern im Ferienlager!

Bevor es aber so weit ist, kommt erst noch der Endspurt, der mit dem Rollenspiel beginnt und am Donnerstag im Abschlussfest gipfelt. Ein Blick in die Küche zeigt, dass auch hier dieser Höhepunkt in Form eines Abschlussbuffets unmittelbar bevorsteht. Die Aktivitäten dazu nehmen zumindest deutlich zu.

## Rollenspiel

Bei einem Rollenspiel schlüpft jeder Teilnehmer in eine neue Identität. Die einzelnen Charaktere werden in der Planung festgelegt und haben verschiedene Fähigkeiten, die jede Rolle von der anderer unterscheidet. So ist es den Teilnehmern möglich, ganz in eine neue Welt einzutauchen und neue Fähigkeiten auszuprobieren. Individuelle Namensgebung, Kostüme und andere Requisiten erleichtern die Identifikation mit der neuen Situation.

Beim vorliegenden Rollenspiel geht es darum, das erste Schlüsselteil für den Weg zu einem Schatz zu erlangen. Die Teilnehmer gelangen in ein Dorf, das vom Drachen Tirion fast völlig zerstört wurde, da dieser hier vergeblich das Schlüsselteil suchte. Aufgabe ist, den Dorfbewohnern (Betreuern) zu helfen und das Dorf wieder aufzubauen. Außerdem erhalten die Kinder Informationen über Tirion, die sie im weiteren Verlauf des Lagers benötigen.

Die Kinder werden in Gruppen eingeteilt, denen verschiedene Farben zugeordnet sind. Jede Gruppe findet bei einem der Dorfbewohner diese Farbe als Erkennungsmerkmal an der Kleidung. "Ihr" Leiter kann der Gruppe dann erzählen, was passiert ist, und gibt Tipps für den weiteren Spielverlauf.

*Eine Elbe fast wie in "Herr der Ringe"*

Die Kinder können nun verschiedene Aufgaben erfüllen wie beispielsweise eine Hütte aufbauen, Holz sammeln oder ein entführtes Kind retten. Für diese Aufgaben benötigen sie Rohstoffkarten (Holz, Lehm, Wolle, Erz und Getreide), die sie beim Glücksspiel durch Würfeln, für erledigte Aufgaben oder alle halbe Stunde bekommen, da jede Gruppe das Monopol auf einen anderen Rohstoff besitzt. Auch können sie Rohstoffe untereinander oder im Verhältnis 2:1 beim Rohstofflager eintauschen.

Als Dank für erledigte Aufgaben erhalten sie auch von den Dorfbewohnern Rohstoffe oder Gegenstände (zum Beispiel Zettel mit Sätzen und Wörtern, Amulette, Pflanzen und dergleichen mehr), von denen allerdings nur wenige von Bedeutung sind. Einige der Gegenstände können bei einer weisen Frau gegen Informationen über Tirion eingetauscht werden.

Um mehr Spannung in das Spiel zu bringen, gibt es außer den Dorfbewohnern auch zwei Schergen Tirions, die versuchen, den Kindern Rohstoffkarten abzunehmen oder Teilnehmer zu entführen, die sie nur gegen Bezahlung wieder herauslassen.

Gegen Ende des Spiels müssen die einzelnen Gruppen sich zusammentun, um aus allen gesammelten Gegenständen die wichtigen herauszufiltern, die in unserem Fall aus mehreren Wörtern bestehen. Richtig zusammengesetzt ergeben diese nun einen Zauberspruch, den die Kinder gemeinsam der weisen Frau vortragen müssen, worauf diese das Schlüsselteil herausgibt.

Die Schwierigkeit eines solchen Rollenspiels besteht in der Gefahr, die Auffassungsgabe der Kinder zu über- beziehungsweise zu unterschätzen, wie auch darin, die Dauer bestimmter Aufgaben oder die Einnahmen und Ausgaben der Rohstoffkarten falsch abzuschätzen. Um hierfür eine bessere Vorstellung gewinnen zu können, kann es sinnvoll sein (sofern die nötige Zeit vorhanden ist), während der Vorbereitungsphase einen Probelauf durchzuführen.

Der Arbeitsaufwand erweist sich meist als sehr hoch. Angefangen beim Erfinden der Geschichte bis hin zum Basteln von Rohstoffkarten, Nähen von Kostümen, der Auswahl an passenden Charakteren und an Aufgaben für die Gruppen muss alles genau geplant werden. Um die Arbeit ein bisschen zu erleichtern, ist es möglich, für die Rohstoffe (oder andere Zahlungsmittel) Karten von Brettspielen zu kopieren und auf Pappe zu kleben.

Das Spiel sollte unbedingt über einen klaren Aufbau verfügen, damit sowohl die Spielleiter als auch die Teilnehmer den Überblick behalten können. Auch ist es unerlässlich, frühzeitig mit den Vorbereitungen für ein solches Spiel zu beginnen, damit alles genau durchdacht werden kann. Nur so wird sich der hohe Aufwand für ein Rollenspiel am Ende auch lohnen.

## Abschlussurkunden vorbereiten

Während die meisten Betreuer beim Rollenspiel eingespannt sind, kümmern sich die kreativen um eine Urkunde für jedes Kind. Sozusagen als Belohnung für die Teilnahme an der Ferienfreizeit erhält jeder Teilnehmer am letzten Abend eine speziell auf ihn zugeschnittene Auszeichnung.

▷ Nach zwei Wochen Wild-West-Lager hat jeder Teilnehmer die Tauglichkeitsprüfung zum Indianer abgelegt und erhält neben einer mit Federn geschmückten Plakette noch einen passenden indianischen Namen.

▷ Nach der "Reise zur Schatzinsel" werden die Teilnehmer in den Stand eines Piraten erhoben und erhalten einen Kaperbrief, stilvoll aus Elefantenpapier, zusammengerollt mit einem Siegel aus Siegellack.

▷ Zum Abschluss der Freizeit "Herr der Ringe" bekommen die Teilnehmer einen Ring aus Karton verliehen, den symbolisch eine individuelle "Gravierung" ziert.

## Einkaufsfahrt Lagerleitung

Der Mittwoch als drittletzter Tag ist zugleich auch die letzte Gelegenheit, für die Betreuer eine Abschiedsfete zu organisieren. Schließlich besteht nur noch am Donnerstag die Gelegenheit, etwas langsamer aus den Federn zu kommen. Außerdem haben die Kinder am Donnerstag ihr Abschlussfest und haben daher Verständnis, wenn am Mittwochabend etwas weniger Programm angeboten wird und die Betreuer stattdessen feiern.

Neben den Besorgungen für die Fete stehen jedoch noch weitere Punkte auf der Einkaufsliste der Lagerleitung:

**Geschenke für Betreuer**. Dass die Betreuer eine Sonderrolle in der Lagergemeinschaft einnehmen, ist unbestritten. Schließlich "opfern" sie zwei Wochen ihrer Ferien oder nehmen sogar Urlaub. Dies verdient natürlich ein besonderes Dankeschön. Eine Porzellantasse mit Namen, ein passendes Buch mit Widmung oder ein Einkaufsgutschein kommen immer gut an.

**Kleingeld für die Lagerbank**. Die Schalteröffnung der Lagerbank am letzten Tag hat irgendwas von einer Bankpleite. Alle kommen gleichzeitig und wollen ihr Geld. Damit dieses Chaos nicht Realität wird, muss im Vorfeld genügend Wechselgeld besorgt werden. Lieber auf Nummer Sicher gehen und reichlich Kleingeld besorgen, zurückgebracht werden kann es immer noch.

*Die Lagerbank*

**Putzlappen.** Wenn es etwas gibt, das am letzten Tag knapp wird, dann sind das Putzlappen! Scheinbar braucht jedes Kind sein eigenes Tuch zum Zeltboden Wischen. Zum Glück sind diese Dinger relativ preisgünstig und können daher in großer Anzahl besorgt werden. Als Faustregel kann gelten: pro drei Teilnehmer ein Tuch. Das sollte genügen. Übrigens, wer sparen will, sammelt die Dinger später wieder ein und steckt sie in die Waschmaschine.

**Anruf Busunternehmen, LKW-Fahrer und Platzwart.** Nach zwei Wochen Zeltlager kann es schon passieren, dass Dinge, die im Vorfeld und bei der Übergabe besprochen wurden, nicht mehr ganz abrufbar sind. Ein kurzer Kontrollanruf beim Busunternehmen, dem Fahrer des Transport LKWs und dem Platzwart beseitigt alle Unklarheiten.

## Vorbesprechung Abbau

Da an den letzten beiden Tagen traditionell viel zu tun ist und jeder mit sich und seinen Aufgaben beschäftigt ist, sollte die Zeit vor der Abschlussfete der Betreuer genutzt werden, um kurz über den Abbau zu sprechen. Wie tief ins Thema eingestiegen wird, sollte jede Lagerleitung für sich selbst entscheiden. Aber zumindest können die Zuständigkeiten für z.B. Lagerbauten, Großzelte, Feuerstelle, Haus und Küche festgelegt werden. Anschließend steht einer tollen Fete nichts mehr im Weg.

*Beliebt bei Eltern und Kindern, das Gruppenfoto*

## Gruppenfoto

Keine Ferienfreizeit ohne das obligatorische Gruppenbild. Spätestens die Zahl der nachbestellten Bilder beweist, dass dieses Bild sehr begehrt ist. Nur leider wird der geeignete Moment allzu gerne verpasst. Dann wird am letzten Abend noch schnell bei einsetzender Dämmerung ein Bild geschossen, dessen Qualität sehr zu wünschen übrig lässt.

☺ Also rechtzeitig damit anfangen!

Wer genügend Zeit einplant, hat zusätzlich noch die Gelegenheit, von jeder Gruppe eine Aufnahme zu machen. Neben dem eigentlichen Gruppenfoto sollte noch ein zweites, etwas verrücktes geschossen werden, auf dem Kopf stehend, in den Bäumen, hintereinander, übereinander, was die Phantasie so hergibt. Diese etwas anderen Bilder sind oft viel schöner als die gestellten.

☺ Diese Gruppenbilder sind jedoch nicht für die Veröffentlichung in der Presse geeignet. Die meisten Redakteure wünschen sich "Actionbilder", Bilder vom Spielen, beim Sport oder von einer Theateraufführung. Das sind Motive, die sich für einen Zeitungsartikel anbieten und zur Freude aller Beteiligten auch meistens gedruckt werden.

## Checkliste Abbau

### Zuständigkeiten:

Tagesleitung/Aufsicht: _____
Sauberkeit Haus : _____
Waschraum/Toiletten: _____
Lagerbauten: _____
Großzelte: _____
Bastelzelt: _____
Küche: _____
Feuerstelle: _____
Kinderbetreuung: _____

### Zelte und Zeltplatz
Schäden an Zelten notiert und fotografiert?
Zelte gereinigt, getrocknet und verpackt?
Wassergräben zugeschüttet?
Gestänge und Heringe gereinigt und ggf. eingeölt?
Staustufen und Ähnliches am Bach beseitigt?
Sickergrube, Kompost und Dobaloch zugeschüttet?
Spielfeldbegrenzungen (Volleyball, Fußball.....) abgebaut?
Feuerstelle sauber?

Ökoball bis der Platz sauber ist!

**Lagerbauten**

Alle Lagerbauten abgebaut?
Nägel und Schnüre entfernt, und Holzstangen für Nachfolger deponiert?
Plastik und Metallabfall entsorgt?
Löcher zugeschüttet?

**Haus, Waschraum, Toiletten**

Schränke überprüft, alle leer und sauber?
Wände kontrollieren, alle Poster, Bilder und Beschriftungen entfernt?
Schlafräume gekehrt und nass gewischt?
Alle Räume auf Schäden kontrolliert?

*Auch alle Lagerbauten müssen wieder demontiert werden*

**Material- und Bastelzelt**

Tische und Bänke sauber? Klebstoff und Farben entfernt?
Bastelmaterial gesichtet, sortiert und verpackt?
Spaten, Schaufeln und Äxte gereinigt und eingeölt?
Liederbücher kontrolliert und verpackt?

**Küche**

Leergut und Gasflaschen zurück gebracht?
Haltbare Lebensmittel notiert und in Kisten eingelagert?
Frische und angebrochene Lebensmittel verteilt?
Vesper und Kaffee für Busfahrer und LKW-Fahrer vorbereitet?
Vesper für die Fahrt (Teilnehmer und Betreuer) vorbereitet?
Altglas, Altmetall und Restmüll entsorgt?

*Schrubben der Küchenkiste*

## Die Aktion GrüMü

*Tairnbach, vor vielen Jahren. Wie sich das für ein Jungenzeltlager gehört, hatte wir auch damals drei sehr nette Küchenfeen dabei. Zu den gerne praktizierten "Pflichten" dieser jungen Frauen gehörte das allabendliche Vorlesen von Gute Nacht Geschichten bei den Kleinen. Als Betthupferl durfte das abschließende Küsschen natürlich nicht fehlen (ob das allerdings der Wunsch der Kinder, oder des jeweiligen Gruppenleiters war, ist nicht überliefert). Auf alle Fälle hatten die drei das am Anfang ganz gut im Griff. Mit zunehmender Dauer des Zeltlagers änderte sich das allerdings gewaltig.*

*Mitte der zweiten Woche waren sie gut und gerne eine Stunde unterwegs, denn mittlerweile wollten auch die Ältesten ihre Geschichte, natürlich mit Küsschen! Die Mädels waren somit ganz schön gestresst.*

*An einem der letzten Abende am Lagerfeuer kam uns dann der Gedanke: wir planten generalstabsmäßig "Rache": die Aktion GrüMü (GrüMü = grüne Münder)!*

*Gesagt – getan! Am Mittwochabend erzählte jeder Betreuer seinen Gruppenkindern, dass aus Zeitgründen an diesem, dem vorletzten Abend, leider keine Gute- Nacht Geschichten vorgelesen werden könnten. Großes Jammern überall! Aber, da nur er einen ganz besonders guten Draht zu den Mädchen habe, würde er das schon ermöglichen. Zur Erinnerung, das wurde in allen Gruppen erzählt.*

*Am Abend, als die Kinder schon im Bett lagen kam also der erste Gruppenleiter in sein Zelt. Er verkündete ganz stolz, dass er Erfolg hatte und die Kinder zumindest ein Gute- Nacht Küsschen bekommen. Aus irgendwelchen, belanglosen Gründen müsse das aber im Küchenzelt passieren.*

*In der Zwischenzeit wurde im Küchenzelt, direkt am Eingang, eine große Holzkiste aufgestellt. Am anderen Ende des Zeltes brannte eine kleine Kerze. Es war also ziemlich dunkel! Auf der Kiste saßen unsere drei Frauen. Direkt dahinter knieten drei Gruppenleiter und tauchten ihre Finger in ein Schälchen mit grüner Tinte. Alle warteten gespannt auf die folgende Aktion.*

*Als die erste Gruppe endlich eintraf, leuchtete ein Betreuer ihnen lange und direkt ins Gesicht (sonst war das ja strikt untersagt, aber in dieser Situation musste es eben sein). Wir wollten schließlich sicherstellen, dass nicht die falschen Jungen ein Küsschen bekommen. Verständnisvolle Zustimmung! Jetzt wurden die ersten drei ins Küchenzelt gebracht. Wir mussten sie führen, sie sahen ja nichts mehr!*

*Die Gruppenleiter hinter den Mädchen nahmen nun ihre Hände aus der Tinte und streckten sie unter den Achseln hindurch den Kindern entgegen. Sehr schnell fand jedes Kind einen kussbereiten Mund. Natürlich unterstützt von den beiden Händen, die so ganz nebenbei über ihre Gesichter und manchmal auch durch die Haare strichen.*

*Schmatz - es war vollbracht!*

*Nun, da sie grün im Gesicht waren, machten wir Licht und sie merkten, dass sie Opfer eines Streiches geworden waren. Nachdem wir sie beruhigt hatten, erklärten wir ihnen die Situation. Lautstark motzen war nicht, denn dann würden die anderen ja merken was läuft und nur sie wären grün im Gesicht. Also verließen sie das Küchenzelt auf leisen Sohlen durch den Hinterausgang und verzogen sich wieder ins Bett. Nun folgten die nächsten drei und dann wieder drei und wieder drei, bis alle grün waren.*

*Am nächsten Morgen trafen sich beim Waschen 70 Jungens mit grünen Gesichtern und viele grinsende Betreuer. Und da die Burschen ja kein´ Bock auf Seife hatten, war schließlich Zeltlager, blieb die Farbe dran! Bei einigen bis zur Heimfahrt!*

## Wir sind ein ordentlicher Verlag

und räumen ständig unser Lager auf, um Platz für Neuauflagen unserer ReiseHandbücher und OutdoorHandbücher zu schaffen. Wir bieten

### Auslaufmodelle - Restbestände und leicht beschädigte Remittenden

teilweise für ein Viertel des ursprünglichen Preises an! Schnäppchenjäger sollten umgehend unsere aktuelle Liste verlangen (die übrigens auch auf unserer Homepage zu finden ist) und schnell bestellen - immer nur solange der Vorrat reicht.

Conrad Stein Verlagskontor, In der Mühle, D 25821 Struckum
☎ 04671 / 93 13 14,  FAX 04671 / 93 13 15
<outdoor@tng.de>   <http://outdoor.tng.de>

# Donnerstag

*Lagerzeitung, Schönwald 2003: Wir frühstückten gemütlich und trafen uns danach zum Altersstufenprogramm. Die Wichtel übten eine Theaterstück für den Bunten Abend ein, die Pfadis bauten einen Hütte im Wald und die Caras machten einen Beauty- Day mit verschiedenen Masken. Nach dem Mittagessen, es gab Reisbrei, bauten die Pfadis und Caravelles ihre Zelte ab und die Wichtel probten weiter ihr Theaterstück.*

*Am Abend warteten dann alle ganz gespannt auf das große Abschlussessen. Das Buffet war wirklich superlecker. Wir waren erst gegen 21:00 Uhr satt und dann begann der Bunte Abend. Die Wichtel und Pfadis führten jeweils ein Theaterstück vor. Die Caras hatte "der große Preis" vorbereitet und die Leiterinnen zeigten uns einen Tanz. Danach feierten wir noch eine Abschlussparty und gingen später unter freiem Himmel schlafen.*  *Die Caras*

## Programmgestaltung und AGs

Natürlich soll beim Abschlussfest nicht nur das Ambiente passen, auch die Teilnehmer selbst wollen hübsch aussehen und in der richtigen Stimmung den Abend beginnen. Der ganze Tag steht somit unter dem Motto "Vorbereitung des Abschlussfestes".

## Zirkus AG

Je nach Umfang und Schwierigkeitsgrad kann es durchaus nötig sein, schon ein paar Tage früher mit den Proben zu beginnen. Andererseits ist es aber auch nicht schwer, aus den lagerüblichen Spielen wie Diabolo oder Jonglierbällen eine "Zirkusnummer" zu machen. Mit etwas Phantasie und der Mithilfe des Betreuers ist auch ein lustiger Auftritt der Clowns, eine Raubtiernummer oder eine menschliche Pyramide möglich.

Ein spektakulärer Effekt, aber nur was für geübte Betreuer: **Feuerspucken**!

So geht's: 1 bis 2 Teelöffel Bärlappsporen (lat. Lycopodium) in den Mund nehmen, durch die Nase tief einamten (ja nicht durch den Mund!!!), und im Abstand von ca. 10 bis 20 cm stark in die Flamme einer Fackel pusten. Wegen des unangenehmen Geschmacks anschließend mehrfach den Mund spülen (am besten mit kohlensäurearmem Mineralwasser oder zuvor geschüttelter Cola).

## Sketch-Up

Hier kommen die Ulknudeln zum Zug. Normalerweise kennen immer einige Teilnehmer einen lustigen Sketch, der leicht einzustudieren ist. Schon nach kurzer Zeit sind die Kinder dann in der Lage, ein bühnenreifes Stück zu präsentieren. Und selbst wenn dabei was schief geht, haben sie die Lacher auf ihrer Seite.

Eine amüsante Variante der üblichen Sketche ist die gespielte Werbung. Zur Auflockerung zwischen den anderen Programmpunkten platziert, sind diese Werbeclips nahezu ideal für das Abschlussfest.

## Theater AG

Kinder entwickeln einen märchenhaften Charme, wenn sie auf der Bühne in andere Rollen schlüpfen. Unterstützt durch selbst gebastelte Kostüme und Requisiten sowie gut geschminkt, verspricht ein gut einstudiertes Theaterstück der Renner des Abends zu werden.

Besonders hübsch sind dabei Szenen aus der vergangen Freizeit oder eine frei erfundene Handlung. Tosender Beifall ist fast immer garantiert.

## Gruppenraum dekorieren

Während die Teilnehmer am Programm basteln, können sich einige Betreuer in aller Ruhe über den Gruppenraum hermachen und diesen entsprechend dem Lagermotto dekorieren.

Eine reichlich geschmückte Tafel für das Abendessen darf dabei genau so wenig fehlen wie bunte Laternen oder Fackeln und die passende Musik.

## Abschlussessen oder kaltes Buffet

Schon die alten Gallier wussten, wie wichtig ein Festmahl als Abschluss der Abenteuer von Asterix und Obelix war. Nicht ganz so gewaltig, aber mindestens genau so lustig verhält es sich auch am Ende einer Ferienfreizeit. Nach zwei Wochen Lagerleben haben es Teilnehmer und Betreuer verdient, ein letztes Mal kulinarisch verwöhnt zu werden.

Vom Hamburger über Grillgut jeglicher Art bis hin zum kalten Buffet reicht die Palette. Wichtig nur, dass es den Kindern schmeckt und von allem reichlich da ist.

Wer neben den reinen Gaumenfreuden noch was fürs Auge bieten möchte, der sollte den Schritt zu Aufbauten aus Gebäck oder Lebkuchen wagen. Je nach Motto könnte dann eine orientalische Burg, ein Indianerdorf oder der Steinbruch von Fred Feuerstein die kalte Platte schmücken. Leuchtende Kinderaugen sind der Lohn, der (fast) jede Anstrengung rechtfertigt.

Damit für die Vorbereitungen des Abschlussessens genügend Zeit bleibt, sollte es am Nachmittag nur ein einfaches Gericht geben.

*Beliebt bei Groß und Klein - das Abschlussbuffet*

## Milchreis aus dem Thermotopf

Milchreis für eine, zwei oder vier Personen ist überhaupt kein Problem. Wenn es aber für 50 Kinder reichen soll, sieht die Welt schon ganz anders aus. Erstens stimmt die angegebene Zeit überhaupt nicht mehr, zweitens wird das Rumrühren gegen Ende der Garzeit zur Qual, und drittens brennt das Zeugs sowieso immer an!

**Hier kommt Hilfe: Milchreis für 50 Kinder**

- 3 kg  Milchreis
- 12 l  H-Milch 3,5%
- 500 g Zucker
- 1 EL  Salz

Einen großen Topf mit kaltem Wasser ausspülen. Das hilft angeblich gegen Anbrennen?! Schaden kann es auf keinen Fall. Dann die Milch in den Topf füllen und aufkochen. Beginnt die Milch zu dampfen, ist erhöhte Aufmerksamkeit nötig, sonst kocht sie über. Kocht die Milch, den Reis, den Zucker und das Salz in den Topf schütten und nochmals zum Kochen bringen. Bei mittlerer Hitze und offenem Deckel ca. 10 Minuten köcheln lassen. Gelegentlich umrühren.

Dann noch mal bei voller Hitze kurz aufkochen, und in einen Thermobehälter umfüllen. Deckel gut verschließen, und 1,5 Stunden stehen lassen. Nach Ablauf der Zeit umrühren, nach Bedarf mit heißer Milch verdünnen und servieren.

Dazu passen Zucker und Zimt, Apfelmus oder heiße Kirschen.

## Göttertrank oder Götterspeise?

*Zum Abschluss unserer Zeltlager gibt es immer das traditionelle kalte Buffet! Da kann das Küchenteam zeigen, was es wirklich drauf hat. Früher waren das vor allem riesige Wurst- und Käseplatten. Meist mehr Masse als Klasse! Mit der Zeit gingen wir aber dazu über, das Lagermotto des Zeltlagers beim Buffet umzusetzen.*

*So ergab es sich, dass wir in Oberried im Südschwarzwald das Mittelalter zum Abschlussmotto hatten. High Light des Buffets sollte eine Ritterburg aus Lebkuchen sein, umrandet von einem Burggraben aus Götterspeise. Davor die Blechbüchsenarmee der Augsburger Puppenkiste und ein mittelalterlicher Turnierplatz. Natürlich alles essbar!*

*Lange vor dem Zeltlager wurde der Sockel der Burg in Auftrag gegeben. Ein 1 x 1m großes Blechpodest umrahmt von einer Dachrinne. Nachdem es dick mit lebensmittelechter, grüner Farbe lackiert war, verschwand es in einer eigens dafür gefertigten Kiste.*

*Nun war die grüne Instant- Götterspeise an der Reihe. Nach Packungsangabe zubereitet, füllten wir sie in eine Schüssel und stellten diese über Nacht im Garten auf den Rasen. Der kühle Boden sollte wie auch später im Zeltlager genügen, um die Götterspeise fest werden zu lassen. Es funktionierte hervorragend! Was sollte nun noch schief gehen?!*

*Um hundertprozentig sicher zu gehen, wurde dieser Versuch in der ersten Zeltlagerwoche bei höheren Tagestemperaturen am Lagerplatz nochmals wiederholt. Es klappte erneut auf Anhieb! Zudem gab es im Nachbarort Kirchzarten reichlich grüne Instant- Götterspeise. Alles schien wohl vorbereitet.*

*Am vorletzten Tag gingen wir fürs Buffet einkaufen. Oh nein, es waren nur noch vier Packungen Instant- Götterspeise da! Wir brauchten aber zehn! Guter Rat war teuer. Da es*

Die Burg mit dem Wackelpuddinggraben

*in den anderen Geschäften in Kirchzarten auch keine Instant- Produkte mehr gab, versuchten wir es mit einem Gemisch aus Instant- und normaler Götterspeise. Müsste eigentlich funktionieren – dachten wir.*

*Mangels Erfahrung klappte es natürlich nicht, die "Brühe" war fast wie Wasser. So schnell wollten wir uns aber noch nicht geschlagen geben. Kurzum fuhr unser "Patissier" Guido ins 20 km entfernte Freiburg, um dort die heiß ersehnte Instant- Götterspeise zu besorgen. Der Rest des Küchenteams begann mit den Vorbereitungen fürs kalte Buffet.*

*Zwei Stunden später war er endlich wieder da - ohne Instant- Götterspeise!*

*Ganz Freiburg war ausverkauft! Dafür hatte er 13 normale Päckchen mitgebracht. Eine Verkäuferin hatte Ihm empfohlen, einfach mehr Pulver als vorgeschrieben zu verwenden. Obwohl wir eigentlich keine Zeit mehr hatten (es war mittlerweile 14.00 Uhr) und die Außentemperatur lag bei viel zu hohen 25°C, starteten wir hoffnungsvoll die Prozedur.*

*Stunden später, die Burg war aufgebaut, auf dem Turnierplatz duellierten sich hoch zu "Wurst- Ross" zwei Salamiritter und die Blechbüchsenarmee kämpfte erfolgreich gegen einen Drachen aus exotischen Früchten. Das kalte Buffet wurde präsentiert und die Kinder waren begeistert. Nur diese verflixte Götterspeise machte uns einen Strich durch die Rechnung. Zu unserem Ärger war sie natürlich nicht fest geworden. Götterbrühe statt Götterspeise! Nichts desto Trotz wurde das Buffet zu einem großen Erfolg und auch ohne Nachtisch restlos weggeputzt!*

*Dann kam der Hammer! Just als die Kinder zum Spülen gingen und der Küchendienst die Platte abräumen wollte, wurde das Zeug doch wahrhaftig fest!! Plötzlich hatten wir 9 Liter hervorragende grüne Götterspeise. Wir fühlten uns ganz schön verschaukelt. Kurzum, dann gab es halt am Abreisetag einen nicht geplanten Nachtisch aus besagtem Burggraben.*

## Erste Abbauaktionen

Je nach Wetterlage (am Schlusstag ist z.B. Regen gemeldet) und um den Abbaustress am letzten Tag in Grenzen zu halten, empfiehlt es sich, schon jetzt mit dem Abbau einiger größerer Lagerbauten bzw. Zelte zu beginnen. Bei anhaltend schöner Wetterlage kann es sehr reizvoll sein, die Gruppenzelte der älteren Teilnehmer abzubauen und mit ihnen die Nacht im Freien zu verbringen.

Sämtliche Gruppenzelte abzubauen und alle Kinder in einem Raum bzw. Zelt übernachten zu lassen, ist im Normalfall nicht sehr sinnvoll! Bis in einer solch großen Gruppe Ruhe eingekehrt ist, dauert es sehr lange und kostet zudem einige Nerven.

## Der Abschlussabend

Nun, da sich der vorletzte Tag dem Ende zuneigt, naht in vielen Freizeiten der ultimative Höhepunkt: der Abschlussabend!

In welcher Weise dieser Abend verläuft, liegt natürlich an den jeweiligen Betreuern. Was aber auf keinen Fall fehlen sollte, ist ein besonderes Abendessen (Lieblingsessen der Kinder, Grillfest oder kaltes Buffet), dem ein genauso besonderes Programm folgt. Wie wäre es z.B. mit einer Zirkusvorführung, einem Theaterabend, einer Modeschau oder einer Disco.

Aber Achtung! Nicht zu lange feiern, es folgt ein besonders langer und anstrengender Tag!

# Freitag

Der letzte Tag! Schon beim ersten Klingelton des Weckers sind die meisten Betreuer (hoffentlich) hellwach! Denn heute heißt es Abschied nehmen.

Bevor es aber so weit ist, geht es noch einmal richtig zur Sache. Die Zelte müssen abgebaut, die Koffer gepackt und der Platz muss aufgeräumt werden. Sofern das Wetter mitspielt und es nicht regnet, erwartet jeden ein aufregender, wenn auch arbeitsreicher Tag.

## Packen, Abbau und Endreinigung
### Klamotten "versteigern"
Nach dem Frühstück folgt der letzte Auftritt des "Lagerwolfes". Während die Kinder noch am Tisch sitzen, holt die Lagerleitung den Karton mit allen übrig gebliebenen Gegenständen und Kleidungsstücken. Stück für Stück wird jedes Teil gezeigt und somit hoffentlich "an das Kind gebracht". Bleibt nach dieser Aktion trotzdem noch was übrig, kommt es mit nach Hause, wird gewaschen und beim Nachtreffen den Eltern vorgelegt.

## Lagerbank und Lagerkiosk

Anschließend öffnet die Lagerbank das letzte Mal ihren Schalter. Jedes Kind erhält hier sein restliches Geld (sofern noch was übrig ist) ausgezahlt.

Ein zweiter Betreuer übernimmt parallel den Lagerkiosk. So geht's schneller. Wer möchte, kann die Restbestände der Süßigkeiten (vorausgesetzt es sind noch viele da) sozusagen im Schlussverkauf anbieten. Einlagern ist wegen des Haltbarkeitsdatums oftmals nicht möglich, und außerdem freuen sich die Kinder über diese Verkaufsaktion.

## Packen

Nun beginnt das Packen und nicht selten dadurch auch die Hektik. Denn das bis dahin urgemütliche Ferienlager gleicht bald einem Flüchtlingslager.

Zuerst sollten alle Kinder ihr eigenes Gepäck zusammenpacken (Ausnahme: Regenbekleidung und Esssäckchen) und falls der Bus mehrere Zielorte anfährt, entsprechend diesen Orten an einer zentralen Stelle sammeln. Nur so ist sichergestellt, dass der Busfahrer das Gepäck in der richtigen Reihenfolge einladen kann. Bei unsicherer Wettervorhersage sollte pro Stapel eine Plane bereitliegen, um die Rucksäcke und Reisetaschen abzudecken.

## Zelte abbauen

Sobald die ersten Kinder mit ihrem Gepäck fertig sind, beginnt der Abbau der Zelte. Um spätere Schäden und damit Ärger zu verhindern, hier ein paar Tipps:

▷ Vor dem Abbau zuerst evtl. Schäden notieren und fotografieren!
▷ Damit alle Teilnehmer ihrem (hoffentlich vorhandenen) Putztrieb folgen können, müssen genügend Bürsten, Lappen und Schwämme bereitliegen.
▷ Die Zelte generell vor dem Abbauen komplett ausräumen. Damit wird verhindert, dass das Zelt irgendwo hängen bleibt und somit Schaden nimmt.
▷ Schmutzige Stellen, vor allem die mit PVC beschichteten Erdstreifen mit etwas klarem Wasser (weniger ist mehr!) und einer Bürste reinigen. Anschließend gut trocknen lassen.
▷ Falls vorhanden, Fenster und Türen verschließen, und das Zelt entsprechend der Anleitung zusammenlegen. Locker in den dafür vorgesehenen Zeltsack stecken und zur Sammelstelle bringen.
▷ Heringe und Zeltstangen säubern, ggf. etwas einölen und separat lagern. So kommen keine Rostflecke auf die Zelthaut.

▷ Sobald die ersten Gruppen den Abbau beendet haben, helfen sie an anderer Stelle (z.B. bei den Lagerbauten, die Ältesten in der Küche).
▷ Besonders die Kleinen sind beim Abbau größerer Zelte und Lagerbauten schnell überfordert. Sie können z.B. bei der Reinigung der Heringe helfen oder bevor sie herumstehen, mit Spielen beschäftigt werden.

☺ Auch wenn Zelte scheinbar trocken eingepackt werden, so sind sie doch häufig z.B. an den Nähten noch feucht. Um spätere Zerstörung durch Schimmel zu vermeiden, sollten alle Zelte nach dem Lager noch ein paar Tage zum Lüften aufgehängt werden.

## Wassergräben und sonstige Löcher

Um die Umwelt etwas zu schonen und den Nachfolgern kein Schlachtfeld zu hinterlassen, müssen alle Löcher, die für Lagerbauten und Wassergräben gebuddelt wurden, wieder fachmännisch geschlossen werden.

Dazu wird zuerst das Loch mit loser Erde aufgefüllt und anschließend kräftig mit einer dicken Holzstange verdichtet. So wird verhindert, dass sich der Boden mit der Zeit setzt und eine Mulde entsteht. Nach dem Verdichten wird die Grasnarbe wieder eingesetzt, und schon ist fast nichts mehr zu sehen.

*Vorbildlich gesäuberter Platz*

## Festzeltgarnituren

Diese Tische und Bänke fehlen auf keiner Freizeit. Gerade zum Basteln unter freiem Himmel sind sie geradezu ideal. Nur hinterher ist ihnen das auch gut anzusehen.

Und diese Farb- und Klebstoffreste müssen natürlich entfernt werden. Gleiches gilt auch für Reiszwecken, Wachs und die berühmten Kaugummis unter dem Tisch.

## Endreinigung im Haus

Hier wird am besten von oben nach unten vorgegangen. Jedes Zimmer wird erst ausgeräumt, dann gekehrt, je nach Hausordnung nass durchgewischt und abschließend gut gelüftet.

▷ Sehr beliebt bei Kindern ist das Bemalen der Wände, Stockbetten und Decken. Diese Hinterlassenschaften müssen unbedingt entfernt werden!
▷ Besondere Aufmerksamkeit verdienen Waschräume und Toiletten. Hier muss natürlich alles (Waschbecken, Toilette, Dusche) nass gereinigt werden.
▷ Gereinigte Räume am besten verschließen, damit sie nicht durch ungewollte Benutzung wieder verschmutzt werden.
▷ Achtung! Wird bei der Reinigung eines Hauses geschlampt, fallen sehr schnell Putz-Pauschalen an.

## Kochen, spülen, putzen, aufräumen

In der Küche gibt es am Schlusstag erfahrungsgemäß die meiste Arbeit. Denn neben dem eigentlichen Großreinemachen müssen alle Lebensmittel nach Haltbarkeitsdatum sortiert werden, und der letzte Hunger der Kinder muss auch noch gestillt werden.

☺ Nach zwei Wochen Ferienfreizeit haben Thermoskannen oftmals unschöne Kalk- und Schmutzränder. Diese Ränder lassen sich am besten mit Reinigungstabletten für die dritten Zähne entfernen.

### So hält sich der Stress im Rahmen:

▷ Die ältesten Teilnehmer werden der Küche zum Helfen zugeteilt. Wenn sie wollen, dürfen sie das Mittagessen (Reste vom Abschlussabend oder Eintopf) zubereiten.
Das macht zum einen Spaß, und zum andern hat schon so manches Kind dabei seine Liebe zur Lagerküche entdeckt.
▷ Außer dem Mittagessen muss für den Busfahrer und den Fahrer des Transport-LKWs ein Vesper und eine Tasse Kaffee vorbereitet werden.
▷ Die haltbaren Lebensmittel (mindestens bis zum nächsten Lager) werden in Kisten verstaut. Die anderen kommen in Kartons und werden später an das Küchenteam und die Betreuer verteilt.
▷ Zum Abtrocknen müssen reichlich trockene Handtücher bereit liegen.

▷ Das komplette Material wird gründlich gespült, gut abgetrocknet (!) und in den entsprechenden Kisten eingelagert.
▷ Rührlöffel und Schneidebretter aus Holz dürfen noch nicht eingepackt werden. Sie sollten noch ein paar Stunden, besser Tage, Zeit zum Trocknen erhalten, sonst schimmeln sie.
▷ Sofern vorhanden, den Kühlschrank zuerst ausschalten, mit einer Mischung aus Wasser und Essig auswaschen und bei geöffneter Türe lüften.
▷ Defekte Gegenstände werden umgehend entsorgt und auf einer Liste notiert, um sie baldmöglichst zu ersetzen.
▷ Zum Schluss müssen die Sickergrube und das Kompostloch zugeschüttet werden. Achtung, das wird gerne vergessen!

## Das klassische Abschlusstagsrezept: Eintopf für 80 Kinder

Natürlich ist es am einfachsten, einen fertigen Eintopf aus der Büchse zu erwärmen! Aber mal ehrlich, mit ein bisschen Kreativität schmeckt es doch noch viel besser! So geht's:

**Zutaten**: 32 Büchsen Feuertopf, mexikanische Bohnensuppe
oder ein vergleichbarer Eintopf
1 kg Zwiebeln, eine Knolle Knoblauch und ½ kg Speckwürfel.

**Zubereitung**: Die Zwiebeln und den Knoblauch schälen und klein hacken. Öl in einem großen Topf erhitzen, und den Speck darin anbraten. Die Zwiebeln und den Knoblauch zugeben und bei mittlerer Hitze glasig braten. Den fertigen Eintopf in den Topf füllen, aufkochen, bei Bedarf würzen und servieren.

## Ökoball

Zur Erinnerung: Hierzu treffen sich Teilnehmer und Betreuer und stellen sich auf einer Seite des Platzes in einer Reihe auf. Auf Kommando laufen alle los und sammeln jedes Stück Abfall vom Boden, das sie sehen. Dieser Vorgang wird so lange wiederholt, bis der Platz von allem (!) Müll befreit ist!

**Feuerstelle**: Hier muss besonders nach Kippen, Kronkorken und Scherben gesucht werden. Auch Holzspäne von der letzten Holzspaltaktion sollten besser im Lagerfeuer verschwinden.

# Abschlussreflexion

Eine Abschlussreflexion für die Kinder sollte möglichst einfach gestaltet werden und vor allem freiwillig ablaufen. Nur so erhält die Lagerleitung eine eindeutige Rückmeldung zur Qualität der vergangenen Ferienfreizeit. Wird die Durchführung noch kreativ ausgestaltet, macht es auch den Kleinsten Spaß.

Das Ergebnis der Reflexion ist im Übrigen eine sinnvolle Bereicherung der Lagerzeitung.

**Methode 1**: Drei Leiter verteilen sich auf dem Platz. Jeder hält ein Schild hoch. Beim ersten ist ein lachendes Smiley aufgemalt. Es steht für die Bewertung "super". Beim zweiten sieht das Smiley gelangweilt aus, Kommentar: "ging so". Auf dem dritten Schild schaut das Smiley traurig, das heißt "schlecht".

Nacheinander werden alle Bereiche der Ferienfreizeit genannt (Leitung, Thema, Essen, Platz und Haus, Abendprogramm, AKs, Tagesausflug, Wanderung, Dienste, Stimmung), und jedes Kind geht dann zu dem Schild, das am besten seine Meinung widerspiegelt.
Kann sich ein Kind nicht entscheiden oder hat gar keine Meinung zum Thema, bleibt es abseits stehen.

Eine optisch sehr schöne Abwandlung dieser Reflexion ist mit drei Tischen und einer Menge Steinen zu erreichen.

**Methode 2**: Auf mehreren Plakaten (z.B. die Rückseite eines Wandkalenders) werden Fragen zur Ferienfreizeit (ähnlich Methode 1) aufgeschrieben. Die Kinder können die Fragen mit einem grünen (gut) oder roten Farbklecks (schlecht) beantworten.

**Methode 3**: Sie besteht wieder aus mehreren Plakaten. Diesmal werden jedoch die Antworten vorgegeben: "Das hat mir gut gefallen - Das war nicht schön – Was ich noch sagen wollte..."

Jetzt können die Teilnehmer mit ihren Worten beschreiben, was sie in den vergangenen Tagen bewegt hat. Das dauert zwar etwas länger, ist aber viel konkreter als die ersten beiden Methoden.

## Letzte Einkaufsfahrt

Wenn alle leeren Glasflaschen, Konservendosen und Pappkartons eingesammelt wurden, ist es an der Zeit für die letzte Einkaufsfahrt. Neben dem Altglas-, Altmetall- und Altpapierbehälter führt sie nochmals zum Metzger und Bäcker und/oder Einkaufszentrum, nicht nur um die Pfand- und Gasflaschen zurückzubringen und eventuell notwendige Vorräte für die Fahrt einzukaufen, sondern vor allem um sich zu verabschieden!

War der Service (Preis-/-Leistungsverhältnis, aber auch der Umgang miteinander) während der Freizeit angenehm, ist es durchaus angebracht, sich mit einem kleinen Geschenk zu bedanken.

## Platzübergabe

Der erste Eindruck ist entscheidend! Erst wenn der Platz wirklich sauber und das Haus komplett durchgewischt ist, sollte der Platzwart zum Rundgang bestellt werden. Aber Vorsicht! Auch wenn jeder schnellstmöglich nach Hause möchte, besser den Termin etwas später ansetzen und fertig sein als fünfmal verschieben!

Falls etwas zu Bruch gegangen ist, unbedingt offen darüber sprechen und nichts verheimlichen. Dann ist die Wahrscheinlichkeit groß, dass nur der Materialschaden und nicht der "Ärger drum rum" abgerechnet wird. Und außerdem, wofür wurde vorher eine Versicherung abgeschlossen?

Zum Abschluss kommt die Nebenkostenliste wieder zum Einsatz. Alle Zählerstände werden gemeinsam abgelesen, in die Liste eingetragen und mit der Unterschrift bestätigt. Falls der Hausverwalter nicht schon einen Durchschlag zur Verfügung stellt, sollte auf jeden Fall eine unterschriebene Abschrift angefertigt werden.

## Die Rückfahrt der Kinder

Beim Einladen des Gepäcks dürfen sich die Betreuer getrost zurückhalten, denn viele Busfahrer betrachten den Gepäckraum als ihr Heiligtum. Außerdem wissen wirklich nur sie, wie ein ganzes Zeltlager in den dunklen Bauch des Busses passt.

Ist alles verladen, sollte mit dem Fahrer geklärt werden, welche Route er gewählt hat und wo er Pausen einlegen möchte. Zum einen ist dies für das

Begleitfahrzeug von Interesse, zum anderen ist der zeitliche Ablauf der Rückfahr wichtig für den Start einer geplanten Telefonkette. Ca. 1 Stunde vor Ankunft der Kinder sollten die Eltern auf diese Art informiert werden. Je länger die Rückfahrt dauert, desto wichtiger wird die Telefonkette.

Bevor jedoch die Kinder den Innenraum stürmen, ist die Zeit für den Schlusskreis gekommen. Alle (und damit sind auch wirklich alle gemeint) versammeln sich noch einmal auf dem Platz, stellen sich im Kreis auf, und die Lagerleitung spricht zum Abschied ein paar Worte.

Anschließend beginnt der vermutlich traurigste Moment der Ferienfreizeit – der Abschied, vor allem, wenn Teilnehmer und Betreuer nicht aus der gleichen Gemeinde kommen. Geht dies mit Umarmungen und Tränen vonstatten, war es eine gute Freizeit!

*Fertig zur Abfahrt*

### Dann schließen sich die Türen, ein letzter Blick – das war´s!

Noch nicht ganz! Denn für die Busbegleiter stehen noch ein paar Amtshandlungen auf dem Programm:

▷ Ausweise, Impfpässe und Krankenkassenkarten müssen zurückgegeben werden.
▷ Sofern in den letzten zwei Tagen keine Zeit dazu war, Restgeld auszahlen.
▷ Eine längere Fahrt eignet sich wieder für ein Busquiz oder einen Fragebogen zur Freizeit. Die Ergebnisse werden beim Nachtreffen bekannt gegeben.
▷ Eine Stunde vor der Ankunft am Heimatort muss die Telefonkette gestartet werden.
▷ Bei der Ankunft sollten die Busbegleiter ein offenes Ohr für die Fragen und Kommentare der Eltern haben, auch wenn die Zeit dazu knapp ist.
▷ Fehlt etwas (ein Schlafsack, die Luftmatratze oder die Gummistiefel), notieren sie die Telefonnummer und leiten das Problem an die Lagerleitung weiter.

# Busquiz

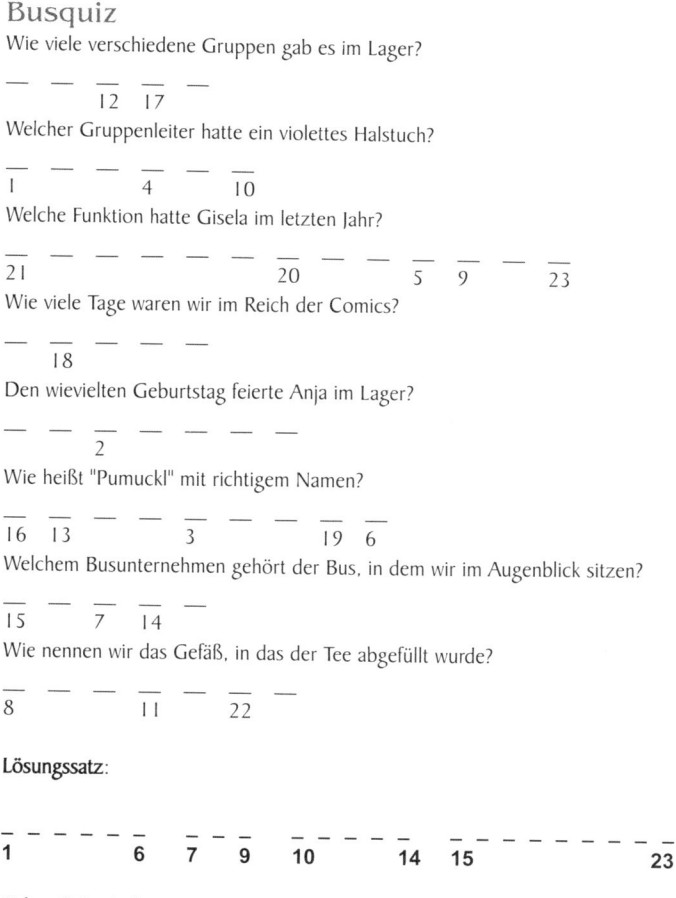

Wie viele verschiedene Gruppen gab es im Lager?

— — — —
     12 17

Welcher Gruppenleiter hatte ein violettes Halstuch?

— — — — — —
1         4     10

Welche Funktion hatte Gisela im letzten Jahr?

— — — — — — — — —
21            20    5   9    23

Wie viele Tage waren wir im Reich der Comics?

— — — —
   18

Den wievielten Geburtstag feierte Anja im Lager?

— — — — — —
    2

Wie heißt "Pumuckl" mit richtigem Namen?

— — — — — — — —
16 13     3       19 6

Welchem Busunternehmen gehört der Bus, in dem wir im Augenblick sitzen?

— — — —
15   7   14

Wie nennen wir das Gefäß, in das der Tee abgefüllt wurde?

— — — — — — —
8      11    22

**Lösungssatz**:

— — — — —    — — —    — — — —    — — —    — — — — — — —
**1**        **6** **7** **9**    **10**     **14** **15**          **23**

# Die Rückfahrt der Betreuer

Nur selten ist die Abfahrt der Kinder auch die Abfahrtszeit der Betreuer. Das ist ganz normal, denn zu viele Dinge wurden noch nicht erledigt: hier eine Kiste, die ins Auto muss, dort ein Loch, das noch zugeschüttet werden muss. Und unter Umständen war der Platzwart auch noch nicht da.

Ist dann aber alles zur allgemeinen Zufriedenheit erledigt, heißt es endgültig Abschied nehmen! Die Rückfahrt kann beginnen!

Nach zwei Wochen Freizeit ist dies jedoch kein einfaches Unterfangen und kann schnell gefährlich werden. Auf keinen Fall sollte jemand alleine fahren! Zu groß ist die Müdigkeit, und die Gefahr des Sekundenschlafes ist nicht zu verachten! Weiterhin ist es vorteilhaft, einen Konvoi zu bilden und öfter eine Pause einzulegen.

### Zu Hause angekommen...
...folgt die letzte große Herausforderung: das ganze Material muss wieder an seinen gewohnten Platz zurückgebracht werden. Und je nach Anzahl der Treppenstufen kann dies noch einmal zu einer größeren Anstrengung ausarten.

Dafür schmeckt´s anschließend umso besser, wenn der Abend und damit die Ferienfreizeit bei einem gemeinsamen Essen ausklingt.

Danach wollen alle nur noch eines: **schlafen, schlafen, schlafen**...

# Literaturtipps:

▷ Zeltlager und Jugendfreizeiten 1, Planung und Vorbereitung, ISBN 3-89392-531-7, 124 Seiten, Conrad Stein Verlag, € 7,90
▷ Kochen 3, für Gruppen und Zeltlager, ISBN 3-89392-529-5, 122 Seiten, Conrad Stein Verlag, € 7,90

## Vorlesebücher
▷ Urmel aus dem Eis, ISBN 3-522-16902-6, 158 Seiten, Thienemann Verlag, € 9,90
▷ Die kleinen Leute von Swabedo, ISBN 3-925 197-01-X, 12 Seiten, Partisch & Röhling, € 4,00
▷ Zwölfe hat´s geschlagen, Geistergeschichten, ISBN 3-522-16100-9, 224 Seiten, Thienemann Verlag, € 12,00

## Spielebücher
▷ Kooperative Abenteuerspiele 1, Praxishilfe für Schule, Jugendarbeit und Erwachsenenbildung, ISBN 3-7800-5801-4, 200 Seiten, Kallmeyer Verlag, € 14,90
▷ 666 Spiele, für jede Gruppe, für alle Situationen, ISBN 3-7800-6100-7, 423 Seiten, Kallmeyer Verlag, € 12,90
▷ Draußen aktiv, Outdoorspiele für junge Leute, ISBN 3-932595-19-X, 144 Seiten, ejw (Evangelisches Jugendwerk in Württemberg), € 10,90
▷ JUST FOR FUN, Spiele im Freien für Kinder- und Jugendgruppen, ISBN 3-7867-2179-3, 107 Seiten, Matthias-Grünewald-Verlag, € 8,50

## Sonstiges
▷ Kennen + Können, Handbuch für Gruppenaktivitäten und Ferienlager, ISBN 3-7252-0667-8, 384 Seiten, rex verlag luzern, € 23,50
▷ FREIZEITHANDBUCH, Gruppenarbeit mit Kindern lebendig gestalten, ISBN 3-403-03558-1, 247 Seiten, Auer Verlag, € 16,40
▷ Heute geht's mir gut Gott, 143 junge Gebete, ISBN 3-7761-0092-3, 200 Seiten, Verlag Haus Altenberg, € 6,40
▷ Erste Hilfe, ISBN 3-89392-139-7, 116 Seiten, Conrad Stein Verlag, € 7,90
▷ Erste Hilfe, ISBN 3-517-06631-1, 142 Seiten, südwest- Verlag, € 5,95

## Junges Wandern

Trekkingabenteuer, Wanderreiten,
Inline-Skate-Touren, Barfußwandern
oder mit dem Kanu
- junges Wandern bietet
viele Erlebnisse in der Natur.

*Neugierig?*

Infos gibt es hier:

**Deutsche Wanderjugend**
Wilhlemshöher Allee 157
34121 Kassel
Tel. 0561.400 49 80
Fax 0561.400 49 87
info@wanderjugend.de

www.wanderjugend.de

# Alle Bücher aus dem Conrad Stein Verlag

## OutdoorHandbücher - Basiswissen für Draussen

| Band | | € |
|---|---|---|
| 1 | Rafting | 6,90 |
| 2 | Mountainbiking | 6,90 |
| 3 | Knoten | 6,90 |
| 4 | Karte Kompaß GPS | 7,90 |
| 5 | Eßbare Wildpflanzen | 6,90 |
| 6 | Skiwandern | 6,90 |
| 7 | Wildniswandern | 6,90 |
| 8 | Kochen 1 aus Rucks. u. Packtasche | 6,90 |
| 9 | Bergwandern | 6,90 |
| 10 | Solo im Kanu | 6,90 |
| 11 | Kanuwandern | 7,90 |
| 12 | Fotografieren | 7,90 |
| 13 | Wetter | 6,90 |
| 14 | Allein im Wald - Survival für Kinder | 6,90 |
| 15 | Wandern mit Kind | 6,90 |
| 16 | Sex-Vorbereitung Technik Varianten | 6,90 |
| 20 | Wüsten-Survival | 7,90 |
| 21 | Angeln | 7,90 |
| 22 | Leben in der Wildnis | 7,90 |
| 24 | Ratgeber rund ums Wohnmobil | 7,90 |
| 25 | Wale beobachten | 7,90 |
| 30 | Spuren & Fährten | 7,90 |
| 31 | Canyoning | 7,90 |
| 34 | Radwandern | 7,90 |
| 35 | Mushing - Hundeschlittenfahren | 7,90 |
| 36 | Gesund unterwegs | 6,90 |
| 39 | Erste Hilfe | 7,90 |
| 45 | Solotrekking | 6,90 |
| 48 | Für Frauen | 6,90 |
| 58 | Fahrtensegeln | 7,90 |
| 65 | Seekajak | 6,90 |
| 68 | Minimal Impact - Outdoor - naturverträglich | 6,90 |
| 69 | Abenteuer Teeniegruppe | 6,90 |
| 70 | Wintertrekking | 6,90 |
| 72 | Schnorcheln und Tauchen | 6,90 |
| 73 | Trekkingreiten | 7,90 |
| 77 | Wohnmobil in USA und Kanada | 9,90 |
| 86 | Regenwaldexpeditionen | 7,90 |
| 94 | Wattwandern | 7,90 |
| 97 | Urlaub auf dem Land | 7,90 |
| 99 | Kochen 2 - für Camper | 6,90 |
| 100 | Ausrüstung 1 - von Kopf bis Fuß | 7,90 |
| 101 | Ausrüstung 2 - für Camp und Küche | 7,90 |
| 102 | Ballonfahren | 6,90 |
| 103 | How to shit in the Woods | 7,90 |
| 104 | Globetrotten | 7,90 |
| 106 | Daumensprung und Jakobsstab | 6,90 |
| 108 | DocHoliday - Taschendoktor für Outdoorer, Traveller und Yachties | 6,90 |
| 120 | Trailfinder - Orientierung ohne Kompaß und GPS | 6,90 |
| 129 | Kochen 3 - für Zeltlager & Freizeiten | 7,90 |
| 131 | Zeltlager und Jugendfreizeiten - Planung und Vorbereitung | 7,90 |
| 132 | Zeltlager und Jugendfreizeiten 2 Durchführung | 7,90 |
| 143 | Trekking mit Hund | 7,90 |
| 148 | Wenn Kinder fliegen | 7,90 |

## OutdoorHandbücher - Fernweh-Schmöker

| Band | | € |
|---|---|---|
| 46 | Blockhüttentagebuch (R. Höh) | 12,90 |
| 47 | Floßfahrt nach Alaska (R. Höh) | 10,90 |
| 75 | Auf nach Down Under (Australien) | 7,90 |
| 105 | Südsee-Trauminsel (Tom Neale) | 9,90 |
| 110 | Huskygesang - Hundeschlittenf. | 7,90 |
| 111 | Liebe - Schnaps - Tod (Thailand) | 7,90 |
| 123 | Pacific Crest Trail (USA) | 9,90 |
| 124 | Zwei Greenhorns in Alaska | 7,90 |
| 125 | Auf dem Weg zu Jakob | 9,90 |
| 126 | Kilimanjaro-Lesebuch | 7,90 |
| 130 | 1000 Tage Wohnmobil | 12,90 |
| 153 | Jakobsweg - Lesebuch | 9,90 |

## OutdoorHandbücher - Der Weg ist das Ziel

| Band | € |
|---|---|
| 17 Schweden: Sarek, Padjelanta, Abisco. | 12,90 |
| 18 Schweden: Kungsleden | 12,90 |
| 19 Kanada: Yukon - Kanu- und Floß | 12,90 |
| 23 Spanien: Jakobsweg | 12,90 |
| 26 Schottland: West Highland Way | 12,90 |
| 27 John Muir Trail (USA) | 10,90 |
| 28 Landmannalaugar (Island) | 10,90 |
| 29 Kanada: West Coast Trail | 9,90 |
| 32 Polen: Radtouren in Masuren | 12,90 |
| 33 Trans-Alatau (GUS) | 10,90 |
| 37 Kanada: Bowron Lakes | 10,90 |
| 38 Polen: Kanutouren in Masuren | 12,90 |
| 40 Trans-Korsika - GR 20 | 12,90 |
| 41 Norwegen: Hardangervidda | 12,90 |
| 42 Nepal: Annapurna | 9,90 |
| 43 Schottland: Whisky Trail | 12,90 |
| 44 Tansania: Kilimanjaro | 12,90 |
| 49 USA: Grand Canyon Trails | 10,90 |
| 50 Kanada: Banff & Yoho NP | 10,90 |
| 51 Tasmanien: Overland Track | 10,90 |
| 52 Neuseeland: Fiordland | 10,90 |
| 53 Irland: Shannon-Erne | 12,90 |
| 54 Südafrika: Drakensberge | 10,90 |
| 55 Spanien: Pyrenäenweg GR 11 | 12,90 |
| 56 Polen: Drawa-Kanutour | 9,90 |
| 57 Kanada: Great Divide Trails | 10,90 |
| 59 Kanada: Wood Buffalo NP (Kanu) | 9,90 |
| 60 Kanada: Chilkoot Trail | 10,90 |
| 61 Kanada: Rocky Mountains-Radt. | 10,90 |
| 62 Irland: Kerry Way | 10,90 |
| 63 Schweden: Dalsland-Kanal | 12,90 |
| 64 England: Pennine Way | 12,90 |
| 66 Alaska Highway | 12,90 |
| 71 N-Spanien: Jakobsweg-Küstenweg | 12,90 |
| 74 Nordirland: Coastal Ulster Way | 10,90 |
| 76 Pfälzerwald-Vogesen-Weg | 10,90 |
| 78 Polen: Pisa-Narew (Kanuroute) | 9,90 |
| 79 Bolivien: Choro Trail | 10,90 |
| 80 Peru: Inka Trail u. Region Cusco | 12,90 |
| 81 Chile: Torres del Paine | 12,90 |
| 82 Norwegen: Jotunheimen | 12,90 |
| 83 Neuseeland: Stewart Island | 9,90 |
| 84 USA: Route 66 | 10,90 |
| 85 Finnland: Bärenrunde | 9,90 |
| 87 Montblanc-Rundweg - TMB | 9,90 |
| 88 Griechenland: Trans-Kreta | 9,90 |
| 89 Schweden: Skåneleden | 9,90 |
| 90 Mallorca: Serra de Tramuntana | 9,90 |
| 91 Italien: Trans-Apennin | 9,90 |
| 92 England: Themse-Ring | 9,90 |
| 93 Spanien: Sierra Nevada | 12,90 |
| 95 Norwegen: Nordkap-Route | 12,90 |
| 96 Polen: Czarna Hancza/Biebrza-Kanu | 9,90 |
| 98 Wales: Offa's Dyke Path | 9,90 |
| 107 GR 5: Genfer See - Nizza | 12,90 |
| 109 Mecklenburgische Seenplatte | 9,90 |
| 112 Norwegen: Telemark-Kanal | 9,90 |
| 113 Thüringen: Rennsteig | 9,90 |
| 114 Alpen: Dreiländerweg (CH-A-I) | 9,90 |
| 115 Tschechien: Freundschaftsweg | 12,90 |
| 116 Spanien: Jakobsweg - Via de la Plata | 12,90 |
| 117 Schweiz: Jakobsweg | 12,90 |
| 118 Rund Australien | 14,90 |
| 119 Schwäb. Alb: Hauptwanderweg | 12,90 |
| 121 Italien: Dolomiten-Rundweg | 9,90 |
| 122 Schwarzwald-Jura-Weg | 9,90 |
| 127 Uganda: Ruwenzori-Wand. (05) | 12,90 |
| 128 Frankreich: Jakobsweg v. Le Puy... | 12,90 |
| 132 Dem Kommissar auf der Spur - ein lit. Reiseführer zu Kriminalschauplätzen. | 12,90 |
| 133 NRW: Natur und KulTour (per Rad) | 12,90 |
| 134 Deutschland: Vorpommern Radtour durch die Nationalparks | 9,90 |
| 135 Deutschland: Schleswig-Holstein Tour | 9,90 |
| 136 Schweiz: Matterhorn - Tour du Cervin | 9,90 |
| 137 Belgien: Jakobsweg - Via Mosana | 9,90 |
| 138 Grönland: Artic Circle Trail | 12,90 |
| 140 Italien: Alpiner Wanderweg Friaul | 12,90 |
| 141 Nordspanien: Jakobsweg Nebenstrecken | 9,90 |
| 142 Bayern: Jakobsweg | 12,90 |

| | | | |
|---|---|---|---|
| 144 Kanada: East Coast Trail | 9,90 | 150 England: Cleveland Way | 12,90 |
| 145 Rund Bornholm zu Fuß u. p. Rad (05) | 9,90 | 151 Kirgistan: Altyn Arashan | 9,90 |
| 146 Tschechien: Isergebirge | 9,90 | - Kyzyl Kul | |
| 147 NRW: Jakobsweg (05) | 12,90 | 154 Rothaarsteig | 12,90 |
| 149 Norsp. Jakobsweg Tunnel v. SanAdrian | 9,90 | 152 Nepal: Langtang, Gosaikund u. Helambu | 12,90 |

## ReiseHandbücher

| | | | |
|---|---|---|---|
| Äthiopien | 22,90 | Neuseeland-Handbuch | 18,90 |
| Antarktis | 24,90 | Phuket & Ko Samui | 14,90 |
| Grönland | 14,90 | Reisen mit Hund | 9,90 |
| Iran | 22,90 | Rumänien | 14,90 |
| Kanarische Inseln | 14,90 | Schweiz | 18,90 |
| Kiel | 9,90 | Sibirien | 22,90 |
| Kiel von oben - Luftbildband | 24,90 | Slowakei | 14,90 |
| Kurs Nord | 24,90 | Spitzbergen-Handbuch | 22,90 |
| Libyen | 22,90 | Tansania / Sansibar | 19,90 |

## Fremdsprech

| | | | |
|---|---|---|---|
| Band | € | 4 Oh, dieses Englisch | 4,90 |
| 1 Oh, dieses Dänisch | 4,90 | 5 Oh, dieses Französisch | 4,90 |
| 2 Oh, dieses Schwedisch | 4,90 | 6 Oh. dieseses Russisch | 4,90 |
| 3 Oh, dieses Spanisch | 4,90 | 7 Oh, dieses Norwegisch | 4,90 |

☺ **Weitere Bücher in Vorbereitung.**
**Fordern Sie unseren aktuellen Verlagsprospekt an:**

Conrad Stein Verlag GmbH
Postfach 1233
59512 Welver
☎ 02384/963912 FAX 963913
🖥 www.conrad-stein-verlag.de
✉ info@conrad-stein-verlag.de

Das aktuelle Verlagsprogramm Updates zu unseren Büchern und viele interessante Informationen zu uns und unserem Programm finden Sie auch auf unserer Homepage.

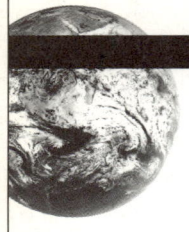

## TNG | PRIVATE

## Weltweit unterwegs und immer da, wo Sie sein wollen.

Zu Hause auf Reisen
und auf Reisen zu Haus:
Internet by TNG

Internet, Sicherheit, Standortvernetzung
und Systemlösungen.
TNG – THE NET GENERATION GmbH

Informationen unter
Tel. (0431) 70 97 17
mailto:info@tng.de
www.tng.de

**TNG**
THE NET GENERATION

# TREKKING -„MAHLZEITEN"®

**F. Schultheiss**
Postfach 2430
D-64533 Mörfelden-
Walldorf
Tel. (06105) 456789
Fax (06105) 45877
www.trekking-mahlzeiten.de